14, 80

Dean Merrill

Hauptberuf: Ehemann

D1735527

R. BROCKHAUS VERLAG WUPPERTAL

ABCteam

Bücher, die dieses Zeichen tragen, wollen die Botschaft von Jesus Christus in unserer Zeit glaubhaft bezeugen.

Das ABCteam-Programm umfaßt:
— ABCteam-Taschenbücher
— ABCteam-Paperbacks mit den Sonderreihen:
  Glauben und Denken (G + D) und Werkbücher (W)
— ABCteam-Jugendbücher (J)
— ABCteam-Geschenkbände

ABCteam-Bücher erscheinen in folgenden Verlagen:
Aussaat Verlag Wuppertal / R. Brockhaus Verlag Wuppertal
Brunnen Verlag Gießen / Bundes-Verlag Witten
Christliches Verlagshaus Stuttgart / Oncken Verlag Wuppertal
Schriftenmissions-Verlag Gladbeck

ABCteam-Bücher kann jede Buchhandlung besorgen.

Amerikanischer Originaltitel: „The Husband Book"
© 1977 The Zondervan Corporation
Erschienen bei Zondervan Publishing House, Grand Rapids, Michigan 49506, USA
Deutsch von Marianne Kawohl u. a.

1980
Umschlaggestaltung aus dem Amerikanischen
Druck: Herm. Weck Sohn, Solingen

ISBN 3-417-12227-9

Inhalt

1. Ehemann-Sein ist kein Naturtalent

Wenn Sie Zimmermann sind, dann haben Sie bestimmt noch nicht Ihre langen Lehrjahre vergessen.

Wenn Sie Rechtsanwalt sind, dann werden Sie sich sicherlich noch an das harte Jurastudium erinnern.

Wenn Sie ein Kaufmann sind, dann wissen Sie noch, wie schwer die Einarbeitungszeit war und welche Fehler Sie gemacht haben, und Sie werden sich immer wieder weiterbilden.

Wenn Sie Pfarrer sind, wird wohl kaum eine Woche vergehen, ohne daß Sie nicht jemandem eine Geschichte aus Ihrer Seminarzeit erzählen.

Einige von uns haben mehrere Jahre auf einer Hochschule verbracht, um sich später den Lebensunterhalt verdienen zu können. Andere haben eine Lehre gemacht, haben gelernt durch Beobachten, durch ständiges Fragen und Nachahmen eines Könners unseres Fachs. Einige von uns gehen immer noch in Abendschulen, qualifizieren sich für ihre nächste Versetzung, verbessern ihre Fähigkeiten, lernen, wie sie ihre Gratifikation vermehren können.

Wir haben einen zweiten Beruf. Die Arbeitsstunden sind unregelmäßig, und wir werden nicht mit Bargeld bezahlt. Und doch müssen wir eine Menge Verantwortung tragen und uns vielen Herausforderungen stellen. Wir können erfolgreich sein oder mittelmäßig — oder völlig versagen. In der Tat können wir so schlimm versagen, daß wir diesen Job verlieren und damit alles, was er für uns bedeutet.

Diese Tätigkeit heißt: Ehemann-Sein, das Haupt unseres Hauses sein.

Wer hat uns für diesen Beruf ausgebildet?

Die meisten von uns müssen antworten: »Niemand.« Und das ist schlimm. Es ist nicht unser Fehler. So ist es eben gekommen. Wir waren immer so beschäftigt gewesen damit, Berichte über Erfolgschancen zu lesen und wie man Vergaser einbaut, daß wir überhaupt keine Zeit hatten, den Beruf des Ehemannes zu studieren. Und selbst wenn wir uns darum gekümmert hätten, so wäre niemand dagewesen, der uns hätte unterrichten können.

Wer hat je von einem Kursus gehört, wo man lernen kann, ein erfolgreiches Familienoberhaupt zu werden?

Natürlich gab es Seminare und Bücher über Ehefragen und

Familienleben und noch mehr für Eltern. Aber seien wir doch ganz ehrlich: Die meisten von uns haben das als vorwiegend weiblich abgetan. Wir sagten zu uns selbst: *Das ist eine gute Sache — meine Frau sollte sich wirklich näher damit befassen.*

Wir haben nie einen direkten Blick auf *unseren* Beruf aus *unserer* Perspektive geworfen.

Rücksichtslos haben wir uns in die Ehe gestürzt. Wir haben in der Nacht, als wir um die Hand anhielten, den Vertrag für unseren Beruf unterschrieben, vielleicht bei Kerzenlicht in einem Restaurant, oder bei Mondschein am Strand oder sonstwo. Wir sagten: »Ich möchte gerne die Verantwortung auf mich nehmen, ein Ehemann zu sein.« (Wir drückten das ein bißchen romantischer aus, aber die Bedeutung war dieselbe.)

Und unser lieber Schatz antwortete: »Einverstanden, du bist eingestellt.«

Einige Monate später meldeten wir uns zur Arbeit mit beachtenswertem Pomp und einer Zeremonie vor einem Pfarrer. Seitdem tun wir unsere Arbeit in Freud und Leid. Immer noch keine Ausbildung. Immer noch keine großartigen Gedanken über unsere Rolle und Verantwortung. In den Jahren seit der Hochzeit bemühten wir uns klarzukommen mit allem, was auf uns zukam oder wir und unsere Frauen zufällig entdeckten. Ähnlich dem Schwimmen-Lernen im Marine-Stil: Wir sprangen ins tiefe Wasser und versuchten zu überleben.

Es ist nicht unsere Schuld, daß wir einen so schlechten Start hatten. Es ist nicht unsere Schuld, daß unsere Kultur allgemein davon ausgeht, wir wüßten, was wir zu tun hätten. So ist es nun einmal. Dieses Buch versucht, Ihnen zu helfen, über Ihren Beruf als Familienoberhaupt nachzudenken. Es ist schlicht die Beschreibung des Berufs eines Ehemannes.

So weit, so gut?

Beginnen Sie, darüber nachzudenken — wie *haben* wir bis jetzt überleben können? Was ist bisher durch unsere Tätigkeit als Ehemann herausgekommen?

Die allermeisten erkennen, daß wir unsere eigenen Väter nachgeahmt haben. Wenn Ihr Vater den Abfall in den Mülleimer brachte, als Sie noch ein Kind waren, tun Sie das wahrscheinlich jetzt auch. Wenn er sich weigerte, das zu tun, weigern Sie sich vermutlich auch. Wenn Ihr Vater die Schecks ausschrieb und das

Geld zu Hause verwaltete, dann tun Sie das jetzt wahrscheinlich auch. Wenn Ihr Vater mehr als einmal im Monat zu Ihrer Mutter sagte: »Ich liebe dich«, verhalten Sie sich aller Wahrscheinlichkeit nach ganz ähnlich. (Als Kind waren Sie vermutlich nicht immer dabei, wenn Ihr Vater Ihrer Mutter gegenüber solche Bemerkungen machte. Trotzdem spürten Sie, ob seine Worte Zuneigung oder Kälte signalisierten. Sie verhalten sich jetzt höchstwahrscheinlich gleich.)

Machen Sie den nachfolgenden Test, um zu sehen, wie sehr Sie dem Verhalten Ihres Vaters entsprechen:

	Tat Ihr Vater das?		Tun Sie das?	
	Ja	Nein	Ja	Nein
Sich Zeit nehmen für häufige Gespräche mit seiner Frau?	—	—	—	—
Ein gemeinsames Scheck-Konto führen?	—	—	—	—
Ablehnen, daß seine Frau einer außerhäuslichen Tätigkeit nachging?	—	—	—	—
Den Gottesdienst mehr als fünf Sonntage im Jahr versäumen?	—	—	—	—
Häufig allein beten?	—	—	—	—
Sich rücksichtsvoll verhalten, wenn seine Frau schwanger war?	—	—	—	—
Windeln wechseln?	—	—	—	—
Frustriert sein, wenn seine Frau krank war?	—	—	—	—
Gut mit den Angeheirateten ausgekommen?	—	—	—	—
Urlaubsreisen geplant?	—	—	—	—

Wie übereinstimmend Sind Ihre Antworten?

Es ist keine Überraschung, wenn vieles übereinstimmt — der Apfel fällt nicht weit vom Stamm. Schließlich begannen Sie Ihr Leben mit seinen Genen. Biologisch sind Sie Ihrem Vater ähnlich. Niemand von uns weiß genau, wie stark und weitreichend der Einfluß unserer Erbmasse ist.

Und Sie verbrachten die ersten achtzehn oder mehr Jahre Ihres Lebens — wo man am stärksten geprägt wird —, indem Sie ihn beobachteten.

Es wäre ziemlich ungewöhnlich, wenn Sie ihn *nicht* kopieren würden — unbewußt — in vielen Einzelheiten und Entscheidungen Ihres Ehemann-Seins. Die Punkte, in denen Sie sich von Ihrem Vater unterscheiden, sind wahrscheinlich Punkte, über die Sie gründlich nachgedacht und wo Sie sich entschlossen haben, diese Dinge *nicht* wir Ihr Vater zu machen.

Ehemann Nr. 1

Viele von uns haben an ihrem Vater ein schlechtes Beispiel gehabt. Lassen Sie uns zwei Extreme von Ehemännern betrachten. In den letzten Jahren ist das üblichere *der Abdanker* geworden. Sein Name steht auf dem Briefkasten, und er ist das legale Familienoberhaupt, aber im Alltag dient er nur einem — und nur diesem einen — Hauptzweck: das Gehalt nach Hause zu bringen. Wenn er pünktlich seinen Lohn nach Hause bringt, dann hat er seine Pflicht getan.

Haben Sie sich jemals gefragt, weshalb ein Ehemann im allgemeinen der *Brotverdiener* genannt wird? Dieses Wort verrät manches von unseren Prioritäten.

Den Rest seiner Zeit verbringt er wie alle anderen Lebewesen seines Haushalts unter dem gleichen Dach — er ißt, schläft, liest, sieht fern und was immer er in seiner Freizeit gerne tut. Er ist auf keinen böse (es sei denn, die anderen stören ihn); er stellt sich seiner Familie zur Verfügung. Er ist wirklich einer aus dem Bunde. Nachdem er das Unternehmen finanziert hat, sieht er es als sein Recht an, ebenso wie alle anderen aus der Familie die Wärme, die Elektrizität und den Kühlschrank zu genießen.

Wer ist das tatsächliche Haupt der Familie? Wer ist dafür eingesetzt? Es gibt zwei mögliche Antworten:

1. *Die Ehefrau.* In vielen Fällen ist sie in Wirklichkeit der Manager. Sie überwacht den Einkauf der Lebensmittel, der Kleidung und der Möbel. Sie legt den Speisezettel fest und bestimmt, wann es sich die Familie erlauben kann, auswärts zu essen. Sie kümmert sich um die Erziehung der Kinder, argumentiert, nimmt am öffentlichen Leben teil und sorgt dafür, daß jeder rechtzeitig zum Zahnarzt geht. Sie bestimmt die geistliche Atmosphäre in der Familie und wie oft man zur Gemeinde geht. Wenn sie sich um das alles bemüht hat, ist sie in einer starken Position, auch das unter Kontrolle zu haben, was sich im Schlafzimmer abspielt, es sei denn, sie überläßt ihrem Mann dieses Recht als Ausgleich für ihre sonstige ununterbrochene dominierende Position in allem an-

deren. Sie ist die Macht hinter dem Thron, der Hals, der den Kopf dreht.

2. Die andere vielleicht seltenere Möglichkeit ist, daß *niemand* die Kontrolle über den Haushalt hat. Einige grundsätzliche Aufgaben sind verteilt worden, doch im übrigen ist jeder für sich selbst zuständig. Jeder ißt, wann er Hunger hat, geht, wohin er will, entzieht sich den Schwierigkeiten und hilft anderen nur, wenn es zum eigenen Vorteil sein könnte. »Laissez faire« lautet die Regel.

Das entspricht mehr einem Hotel als einem Zuhause. Die Leute kommen und gehen, wann es ihnen gefällt, kümmern sich um die anderen nur gelegentlich und widmen sich den anderen nur so wenig, wie unbedingt nötig, um die Anarchie zu verhindern.

Ehemann Nr. 2

Andere wieder haben bei ihren Vätern erlebt, daß er *ein Autokrat,* Alleinherrscher, war. Vater ist überall der Boß, und niemand darf das vergessen. In streßreichen Augenblicken wird er sogar manchmal Diktator genannt oder Tyrann oder erhält ähnlich negative Titel.

Natürlich ist dies ein bißchen übertrieben, denn die meisten Autokraten lieben ihre treuen Untertanen. Sie wollen nicht Attila, den Hunnen, spielen; sie wollen ganz einfach besonders gut für ihre Frauen und Kinder sorgen. Darin sehen sie ihre Macht. Beinahe ihre ganze Macht. Schließlich steht ihr Name am Briefkasten — und sie lassen ihre Familie nicht unter dem Mangel an Führung leiden.

Hierbei geben sie sich wirklich große Mühe. Sie bestimmen das Budget . . . mieten die Wohnung . . . erlauben oder verbieten die verschiedensten Aktivitäten, vor allem, wenn sie mit seinem Einkommen zu tun haben . . . sie bestimmen in den Angelegenheiten der Schule oder Gemeinde, bestimmen von der Haarlänge bis zur Wahl der Musik alles. Zählen Sie all diese Aufgaben zu einem Acht-Stunden-Tag dazu, dann sehen Sie, was Väter alles zu tragen haben, und warum das manchen einfach zuviel wird.

Anderen nicht. Sie fühlen sich der Gemeinschaft gegenüber sehr verantwortlich, auch Gott und sich selbst gegenüber in bezug auf den Zustand ihrer Familie. Oft steht ihr Familienstolz auf dem Spiel. »Wir Müllers machen das so und nicht anders — und nur so ist es richtig.« Kommentar überflüssig.

Die meisten Familien funktionieren mit einem starken Patriarchen gut. Das ist einer der Vorteile dieses Systems. Ich habe einen Freund, der inzwischen auf die Vierzig zugeht. Kürzlich hatten sie ein Familientreffen. Da befahl ihm sein Vater, sein Auto nicht jetzt zu waschen, da in einer halben Stunde das Mittagessen fertig sei. Mein Freund folgte seiner alten, tiefsitzenden Gewohnheit und gehorchte sofort. Der Vater wollte seinen Sohn nicht unterdrücken, der inzwischen längst erwachsen ist, eine Frau und drei Kinder hat. Er kümmerte sich nur ganz einfach um alles, wie er es immer getan hatte — auf daß weiterhin in seiner Familie alles reibungslos klappte.

Vielleicht war Ihr Vater »Autokrat«. Vielleicht war er auch »Abdanker«. Vielleicht war er eine Mischung von beidem.

Vielleicht war Ihr Vater der Größte. Möglicherweise hat er sich sehr angestrengt, war aber so mit anderen Dingen beschäftigt gewesen, daß eine Menge zu wünschen übrig blieb. Um ehrlich zu sein, vielleicht war er eine große Niete.

Oder vielleicht sind Sie ohne Vater aufgewachsen, und alle diese Beschreibungen sagen Ihnen nichts. Dann ist Ihr Bild vom Ehemann und Familienvater ganz unscharf.

Wie dem auch sei — vermutlich kann kein Mann all das verkörpern, was wir über die Aufgaben und über die Stellung eines Ehemannes wissen sollten. Unsere Väter machten Fehler. Und selbst wenn sie manches richtig machten, so beachteten wir das die meiste Zeit viel zu wenig und verstanden ihre Beweggründe nicht. Wir brauchen Hilfe. Wir müssen unsere Aufgabe besser verstehen, damit wir nicht die Sünden unserer Väter bis in die dritte und vierte Generation weitertragen.

Der unsichtbare Bereich

Erinnern Sie sich an Ihre Hochzeitsgeschenke? Die Berge auserlesener Geschenkpapiere und Bänder? Die Berge von Handtüchern, Geschirr und Wandbehängen, die Ihre Braut in Begeisterung versetzten?

Sie standen an ihrer Seite, lächelten und bewunderten die Dinge, während sie sie auspackte. Die Leute waren Ihnen gegenüber sehr großzügig gewesen. Doch ihre Großzügigkeit schien oft seltsam, oder? Die Geschenke waren ausschließlich für die Frau. Niemand hatte daran gedacht, Ihnen eine Hacke zu schenken oder einen Bohrer, mit dem Sie in Kürze die Gardinenstangen hätten anbringen können. Es gab nur Toaster und Bettlaken von königlicher Größe.

Aber das größte Geschenk jenes Tages war nicht in Silberpapier eingepackt und mit einem Schleifchen versehen. Es war ein unbeschreibliches Geschenk, ebenso maskulin wie feminin — und überragte Toaster und Hacken. Ohne pathetisch zu werden, möchte ich es klar formulieren: *Gott hat Ihnen und Ihrer Frau ein einzigartiges, unersetzliches Geschenk gemacht: Ihre Ehe.* Ihre Zusammengehörigkeit. Die Atmosphäre, die Sie beide bestimmen. Die Einheit, die durch die Verschmelzung Ihrer beider Leben zustande kommt.

Dies mag sich in einem Ein-Zimmer-Appartement abspielen oder in einem fünfzig Jahre alten Bauernhaus mit hohen Decken und undichten Fenstern. Vielleicht haben Sie noch keine Kinder. Vielleicht haben Sie schon ein, zwei oder drei Kinder. Vielleicht ist Ihre finanzielle Grundlage gut, oder Sie haben Geldsorgen. All diese Äußerlichkeiten sind wichtig, aber nicht so wichtig, wie das Geschenk selbst, das Gott ins Dasein gerufen hat: Ihr gemeinsames Leben und Ihre Beziehung zueinander.

Es ist die Grundlage Ihrer Handlungen. Es ist Ihr Fundament. Es ist Ihr Schutz vor all den bösen Leuten in der Welt. Es ist die Arena für Ihre Kreativität, Ihre Ausdrucksweise, Ihre gemeinsame Erfüllung. Es ist ein göttliches Kunstwerk — »was Gott zusammengefügt hat«.

Doch es gehört Ihnen nicht allein. Es gehört auch nicht ausschließlich ihr. Es gehört Ihnen beiden. Der Apostel Petrus schreibt in seinem Brief: ». . . Denn auch die Frauen sind Miterben der Gnade des Lebens« (1. Petr. 3, 7). Er spricht hier von Zeugung und will damit sagen, daß es beide braucht, um neues Leben zu schaffen. Sie sind beide Miterben dieses besonderen Wunders. Ich denke aber, daß er im weiteren Sinn sagen will, daß das Eheleben, das Heim, die Familie Dinge sind, die Ihnen beiden gehören, die Sie beide schaffen und genießen, und daß keiner von Ihnen etwas davon als seinen privaten Besitz an sich reißen kann.

Dieses Geschenk ist sowohl herrlich als auch zerbrechlich und hält nicht automatisch an. Und gerade hier machen wir die größten Fehler. Wir beginnen, unseren Bereich als selbstverständlich anzusehen. Wir denken, daß die Ehe immer bestehen wird. Weil sie so grundlegend ist, denken wir, daß sie von selbst halten wird.

Doch das stimmt nicht. Die vernachlässigte Ehe und Familie

wird immer schlechter und quält uns schließlich. Wir brausen unseren Weg entlang, erklimmen die Sprossen der Gesellschaftsleiter, schieben und werden in dem modernen »Irrenhaus« herumgeschoben — und kommen nach Hause, um dort zusammenzubrechen und uns wieder zu erholen . . .

Aber das bedeutet nicht, zu Hause zu sein. Etwas stimmt nicht. Die Dinge sind dann hier genauso verrückt wie dort draußen. Die Beziehung zu unserer Frau hat sich verschlechtert, und wir haben es nicht einmal bemerkt. Verzweifelt brauchen wir nun Trost aus dieser Beziehung, aber sie besteht nicht mehr oder ist zumindest ernsthaft gefährdet.

Und in der Zwischenzeit verletzt sie uns genauso wie wir sie. Ob sie ihren Tag zu Hause verbringt oder in einem Büro, Kaufhaus, Krankenhaus oder einer Schule oder sonstwo — braucht sie doch ziemlich genau das gleiche wie wir: Nähe, Verständnis, Kommunikation, Entspannung, einen Ort und einen Partner, durch die sie ihr Gleichgewicht wiedergewinnt.

Aus diesem Grunde verlangt der Beruf des Ehemannes *Zeit* und *Aufmerksamkeit*. Viele verheiratete Männer haben an dem Abend, als sie ihrer Frau einen Heiratsantrag machten, nicht daran gedacht. Sie dachten nur über Romanze, Sex und Zukunftserwartungen nach, und daß sie zukünftig ihre Wäsche nicht mehr selber waschen müssen.

Michael Novak, ein amerikanischer Journalist, schreibt ziemlich sarkastisch:

»Der Hauptgedanke unseres nebligen Lebens . . . ist, daß das Leben einmalig und kurz und sein Ziel die Selbsterfüllung ist. Danach folgt der Glaube an die Errichtung eines Herrschaftsreiches des eigenen Ich . . . Unter Autonomie verstehen wir die Bewahrung unseres inneren Königreiches — Schutz um das Selbst herum vor dem Eindringen von Chancen, Irrationalität, Notwendigkeit und anderen Personen (›Ich selbst, meine Burg‹). Bei einer solchen Sicht des eigenen Ich ist Ehe nur ein Bündnis. Es wird nur so wenig Zugang zum Inneren gewährt, wie der eine oder andere Partner erlaubt. Kinder sind nicht eine willkommene Verantwortung, denn Kinder haben bedeutet einfach, aufzuhören, selbst ein Kind zu sein.«

Im Gegensatz schwebt Gott ein Haushalt als Königreich von zwei oder mehr Personen vor, und kein durchschnittlicher Prinz war je so reich ausgestattet. Es ist eine Festung, um die Liebe und das christliche Wachstum zu schützen. Die Zugbrücken senken sich für alle, die die Werte des Königreiches teilen, aber sie schließen sich schnell für alle, die es zerstören würden.

Novak fährt mit seiner Analyse der modernen Ehe so fort: »Die Leute sagen von der Ehe, sie sei langweilig. Zu viel und zu tief sind ihre vertrocknenden Enthüllungen, ihr Ärger, ihre Wut, ihr Haß und ihre Liebe. Sie sagen, die Ehe sei etwas Tötendes und meinen damit, daß sie uns jenseits jugendlicher Phantasie und romantischer Gefühle hintreibt. Von den Kindern sagen sie, daß sie lästige Plagegeister sind, denen sie alle möglichen und unmöglichen Tiernamen geben — und das, was sie anscheinend damit meinen, ist, daß die Wichtigkeit der Eltern hinsichtlich der Zukunft ihrer Kinder jetzt besser und genauer bekannt ist als je zuvor.«

Je mehr wir unsere Ehe und Familie schätzen, den Bereich, den Gott uns geschenkt hat, desto mehr werden wir auf deren Gedeihen achten. Es wird deutlich, daß wir etwas tun müssen, daß wir eine bestimmte Art von Organisation brauchen, eine Art von Management, die es den Beteiligten erlaubt, all ihre Kräfte zu entfalten, während die Feinde von außen ferngehalten werden.

Gott hatte daran gedacht. Er hatte gleich zu Beginn daran gedacht — bei Adam und Eva. Er bat sie beide: »Seid fruchtbar und mehret euch und macht euch die Erde untertan« (1. Mose 1, 28). Diese großartige Aufgabe begann damit, als Adam jedem Tier einen Namen geben sollte (1. Mose 2, 19). Und Eva nannte Gott Adams »Gehilfin« (1. Mose 2, 18).

Zwei Rollen werden hier schon in der Frühzeit deutlich — sogar noch vor der Versuchung und dem Fall in Genesis 3. Diese Rollen werden im Neuen Testament neu betont, als die Ehemänner ausdrücklich als »Haupt« (Eph. 5, 23) bezeichnet werden.

Wenn Sie eine Frau sind und dies jetzt lesen (warum lesen Sie dieses Buch?), oder wenn Sie ein Mann sind, der sich des gegenwärtigen Trends zur völligen Gleichberechtigung der Frau bewußt ist, werden Sie jetzt wahrscheinlich gespannt fragen: Ist Gott ein männlicher Chauvinist? Warum der Mann? Was ist ein »Haupt«? In welcher Beziehung steht ein »Haupt« zu einer »Gehilfin«? Ist eines besser als das andere?

Ich denke, daß ich diese Fragen beantworten kann, ohne chauvinistisch zu sein und ohne die Heilige Schrift zu verdrehen. Aber ich werde das ganze Kapitel 2 dazu brauchen, um dies deutlich zu machen. Jetzt aber will ich schon sagen: Es ist vermutlich etwas anderes, als Sie denken, das »Haupt« zu sein.

2. Leiten durch Befähigung

Ich war auf einer Geschäftsreise in San Francisco während des berüchtigten Streiks der Arbeiter der Stadtwerke 1976. Busfahrer, Museumswärter, Müllmänner und solche Leute, die für die Instandhaltung verschiedener Gebäude zuständig waren, blieben etwa drei Wochen lang von ihrer Arbeit fern. Das hatte nicht wenige unangenehme Auswirkungen.

Während mehrerer Demonstrationen in den Stadthallen gab es manches Schieben und Drängen, als die Arbeiter im öffentlichen Dienst (»Bedienstete«) darauf bestanden, ihr Lohn müsse erhöht werden. Der Stadtrat jedoch bestand darauf, daß er pleite war. Die Situation war so schlimm geworden, daß auf dem Flughafen mit Bombenanschlägen gedroht wurde. Folgende seltsame Ankündigung hörte ich, als ich zur Gepäckausgabe ging: »Die Aufenthaltsräume sind geräumt worden und können wieder benutzt werden«, oder so ähnlich.

Ich wußte nicht genug über die örtlichen Gegebenheiten, so daß ich mich nicht für die Gewerkschaft oder die Stadt hätte entscheiden können. Doch während ich auf meinen Koffer wartete, fing ich an, über den eher seltsamen Begriff »*Bedienstete*« (heute spricht man zwar mehr von *Staatsangestellten*) nachzudenken. Offensichtlich eine falsche Bezeichnung. In »Bedienstete« steckt »dienen«. Diener feilschen nicht um Lohn, geregelte Arbeitszeit und Urlaub und versuchen auch nicht, ihre Rechte durchzusetzen. Zumindest nicht Diener, von denen ich gelesen habe, vor allem Diener aus der Zeit des Neuen Testamentes.

Ich nehme an, daß der Grund ihres Streiks war: Die »Bediensteten« waren es leid, immer wie Diener behandelt zu werden (aus ihrer Sicht), und wünschten sich, wie ein höherer Angestellter behandelt zu werden.

Jesus sah sich einst einigen seiner Jünger gegenüber, die um ihre zukünftige Position handelten. Hier war es vor allem die Mutter der Jünger, der es darauf ankam. Ihre Worte klangen sehr freundlich, als sie ihr Anliegen vorbrachte.

Aber Jesus benutzte die Gelegenheit, um einige wichtige Aussagen über die Rollen und Beziehungen im Königreich Gottes zu machen. Er sagte: »Ihr wißt, daß die Fürsten ihre Völker niederhalten und die Mächtigen ihnen Gewalt antun. So soll es unter euch nicht sein; sondern wer unter euch groß sein will, der soll euer Diener sein; und wer unter euch der Erste sein will, der soll euer Knecht sein, so wie der Menschensohn nicht gekommen ist, um sich dienen zu lassen, sondern um zu dienen und sein Leben zu geben als Lösegeld für viele« (Matth. 20, 25—28).

Aus der Sicht Jesu ist der große Mann der Sklave. Wenn Sie zur Spitze aufsteigen wollen, dann müssen Sie aufhören, zu klettern, und müssen beginnen, zu dienen. Die Frage nach der Macht, so sagt Jesus, bleibt zurück. Der einzige Weg zur Erfüllung ist, auf die eigenen Rechte zu verzichten.

In unserer zivilisierten Gesellschaft haben wir vergessen, was ein Diener wirklich ist und tut. Aus diesem Grunde nennen wir die Staatsangestellten auch »Staatsdiener«, ohne zu merken, wie absurd das Ganze ist. Ein wirklicher Diener ist ein menschliches Wesen, was alles verloren hat — seine Freiheit, seine Macht, sein Prestige und in früheren Kulturen manchmal sogar seinen Namen. Er war allgemein bekannt als »der Sklave von . . .«. Damit wollte man ausdrücken, daß er das völlige Eigentum seines Herrn war. Was immer auch sein Meister anordnete, tat er. Es spielte keine Rolle, wie schwierig das war, zu welcher Tages- oder Nachtzeit oder mit welchen Gefahren das verbunden war. Er diente ganz einfach.

Jesus sagte seinen ehrgeizigen Jüngern Jakobus und Johannes, daß der Weg zur Größe im Reiche Gottes ein Weg des Dienens ist. Er schloß sich selbst dabei nicht aus. »Der Menschensohn . . . ist gekommen, um zu dienen«, sagte er.

Die Bibel berichtet nicht, wie die beiden Brüder (und ihre Mutter) auf diese Nachricht reagierten. Aber ich weiß, wie wir in unseren modernen Gemeinden darauf reagieren. Wir haben unser Bestes getan, um den Ruf zum Dienst zu umgehen.

Einmal haben wir den Worten eine andere Bedeutung gegeben. ». . . wer groß sein will unter euch, der sei euer Diener« (Matth. 20, 26). Das klingt großartig. Christliche Eltern sind stolz, wenn ihre heranwachsenden Kinder verkünden: »Ich denke, ich werde mich für den Predigerberuf ausbilden lassen.« Wie schön! Er ist auf dem besten Wege, Anerkennung zu bekommen.

Ein anderes Wort für Diener lautet »Diakon«. Wiederum haben wir die ursprüngliche Bedeutung dieses Wortes verändert und institutionalisiert. Ursprünglich bedeutete es mühsame, ehrliche, harte Arbeit für den Leib Christi. Die ersten Diakone wurden in Apostelgeschichte 6 ausgewählt, um »Köche« und »Kellner« für eine Gruppe älterer Frauen zu sein. Lesen Sie diese Stelle nach.

Der Name »Diakon« stammt direkt von dem griechischen Wort »diakoneo« ab — dienen.

Vielleicht denken Sie hier: *Das gibt doch keinen Sinn. Wenn die Leiter der Gemeinde — und sogar Jesus selbst — nichts als Diener sind, wer kümmert sich dann um alles?*

Richtig. Jemand muß führen. Und dieser Jemand ist der Diener.

Vielleicht war Jesu außergewöhnlichste Tat die, die er nach dem letzten Abendmahl tat. Alle saßen gemütlich um den Tisch herum bei einer Tasse Kaffee (oder was gerade als letzter Gang serviert worden war), als plötzlich der Sohn Gottes aufstand, »legte seine Kleider ab und nahm einen Schurz und umgürtete sich« (Joh. 13, 4).

»Danach goß er Wasser in ein Becken, hob an, den Jüngern die Füße zu waschen, und trocknete sie mit dem Schurz, mit dem er umgürtet war« (Joh. 13, 5).

Verrückt! Den Gästen die Füße zu waschen, gehörte zu den allerniedrigsten Sklavenarbeiten, die nicht einmal ein Sklave gerne verrichtete. Da hakte es verständlicherweise bei Petrus aus. Das sagte er auch. Aber Jesus ließ sich nicht davon beeinflussen.

Schließlich war er mit dem Waschen fertig. »Da er nun ihre Füße gewaschen hatte, nahm er seine Kleider und setzte sich wieder nieder und sprach abermals zu ihnen: Wißt ihr, was ich euch getan habe?« (Joh. 13, 12). Eine einfache Frage? Nein! Sie hatten nicht die leiseste Ahnung. (Auch wir nicht. Wir haben diese Geschichte Dutzende von Malen gelesen, und die meisten von uns haben sie nicht verstanden.)

Darum erklärte sie Jesus: »Ihr heißt mich Meister und Herr und sagt recht daran, denn ich bin's auch. Wenn nun ich, euer Herr und Meister, euch die Füße gewaschen habe, so sollt ihr auch euch untereinander die Füße waschen. Ein Beispiel habe ich euch gegeben, daß ihr tut, wie ich euch getan habe. Wahrlich, wahrlich, ich sage euch: Der Knecht ist nicht größer als sein Herr, noch der Apostel größer als der, der ihn gesandt hat. Wenn ihr solches wißt, selig seid ihr, wenn ihr's tut« (Joh. 13, 13—17).

Jesus schuf hier eine neue, scheinbar schizophrene Rolle: Leiter/Diener. Häuptling/Indianer. Herr/Tagelöhner. Er wußte, daß ein Führer nötig war. Jesus war kein Anarchist. Doch genauso wenig war er bereit, die viel zu häufigen Machtmißbräuche zu tolerieren. Führung, so sagte er, muß man sich verdienen und ist nur möglich, wenn man dient.

Wir werden lange brauchen, bis wir das in unseren Gemeinden begreifen werden. Wir werden lange brauchen, bis wir das ebenfalls in unseren Familien begreifen und ausleben.

Viel lieber versuchen wir, so zu tun, als würden wir dienen. In Wirklichkeit tun wir jedoch das Gegenteil. Während ich dieses schreibe, läuft gerade eine Reklame des Fernsehsenders mit einer Gruppe junger Leute, die lächelnd in die Kamera singen: »Wir tun es alles für Sie!« Zufällig wohne ich ungefähr fünfzehn Meilen von der Zentralstelle dieses Fernsehstudios entfernt, und ich muß sagen, daß es ein architektonisch beeindruckendes Gebäude ist. Offensichtlich tun sie das nicht *alles* für mich. Die Sprache ist eine Sprache des Dienens, aber die Tatsachen sprechen eine völlig andere Sprache.

Wir Christen spielen das gleiche Spiel. Juan Carlos Ortiz, ein einsichtiger Pastor in Buenos Aires, schreibt in einem seiner Bücher: »Einmal war ich in einer Versammlung, in der jemand mit großen Fanfaren vorgestellt wurde. Die Orgel spielte, und die Scheinwerfer leuchteten auf, als jemand ankündigte: ›Und nun kommt der große Diener Gottes . . .‹ Wenn er groß war, dann war er kein Diener. Und wenn er ein Diener war, dann war er nicht groß. Diener sind Leute, die verstehen, daß sie überhaupt nichts wert sind . . . Möge Gott uns helfen, das mit Freuden zu tun, was Diener in Seinem Königreich tun.«

Was ist ein Ehemann?

Mit diesem Vorverständnis müssen wir an Paulus' Definition über den Ehemann herangehen: »Er ist das Haupt.« Wir dürfen nicht weltlichen Managern und Familienpsychologen gestatten, unsere Definitionen zu schreiben. Wir dürfen nicht die zufälligen Ansichten unserer Gesellschaft übernehmen.

Wir dürfen uns auch nicht von dem bestimmen lassen, was wir für »wirksam« halten. Wirksamkeit ist ein großer Gott im Leben der meisten von uns. Studenten der zwischenmenschlichen Beziehungen haben viele Untersuchungen angestellt, um die besten Wege für die durchschnittlichen sturen Menschen zu finden, wie sie miteinander umgehen, etwas zustandebringen können, statt nur sich anzuschreien. Ohne moderne wirksame Methoden würde unser Land nur halb so produktiv sein können, wie es ist.

Aber bestimmte Dinge sind anders im Königreich, das von der

Liebe regiert wird. Der Herr des Königreichs hat uns dazu befähigt, Diener füreinander zu werden, statt uns übereinander aufzuregen. Unsere Egos brauchen nicht mehr gehätschelt zu werden. Und der Ort, wo all das anfangen sollte, ist unsere Familie. Das Haupt einer christlichen Familie ist der Mann, der sich selbst als Diener seiner Frau und seinen Kindern zur Verfügung stellt. Warum? Weil er sie liebt. Er ist es, der dafür sorgt, daß die Dinge klappen. Er ist es, der im voraus alles plant, damit nachher alles klappt. Er ist es, der herausfindet, was zu Spannungen führt, und das dann aus dem Wege räumt. Er versucht immer, Lösungen zu finden für die Probleme.

Und wenn die betreffende Lösung schmutzige Hände von ihm verlangt, dann werden sie eben schmutzig. Er steht nicht auf einem Podest. Er ist sich nicht zu schade, anderen die Füße zu waschen ... oder Fenster zu putzen oder die Ellenbogen des kleinen Jungen. Er hat keine Angst, dadurch an Achtung zu verlieren. Er kümmert sich nicht um sein Prestige. Er ist nur darum besorgt, in dem Bereich zu dienen, den Gott ihm gegeben hat.

Kennen Sie solche Ehemänner?

Die größte Herausforderung (bisher) in meiner Führer/Diener-Stellung begann am 3. März 1975 etwa um neun Uhr abends. Unser zweieinhalbjähriger Sohn schlief fest in seinem Bettchen, und ich las gerade gemütlich eine Zeitschrift im Wohnzimmer. Draußen beendete der Winter seine letzten Vorstellungen. Es war einer jener schönen, ruhigen Abende, die noch schöner wären, wenn sie ewig dauerten.

Ich kam gerade an den Wirtschaftsteil der Zeitschrift, als die Haustür aufging und meine hochschwangere Frau von ihrem regelmäßigen Besuch beim Frauenarzt zurückkam. Sie sprach kein Wort — sie zog nicht einmal ihren Mantel aus —, sondern ging geradewegs auf einen Sessel vor mir zu und ließ sich hineinfallen. Ihr Gesicht drückte Entsetzen aus, doch diesen Ausdruck hat sie immer dann, wenn sie sicher sein will, daß sie meine ganze Aufmerksamkeit besitzt, bevor sie zu sprechen beginnt.

Ich spielte das Spiel mit. Ich wartete. Schließlich grinste ich und sagte: »Nun, was ist passiert?«

»Heitzler denkt, er hört zwei Herztöne.«

»Du machst Spaß!«

»Nein.«

Einige Untersuchungen am nächsten Morgen sollten die Sache bestätigen, aber plötzlich wußten wir, daß wir Zwillinge bekommen würden. Diese schwierige Schwangerschaft wurde plötzlich erklärlich — die nie endende Übelkeit, die ständige dringende Lauferei ins Badezimmer während des Abendessens (Graces Morgenübelkeit zog sich meistens hin bis nachmittags um für Uhr), ihr plötzliches starkes Auseinandergehen im fünften Monat und seit kurzem das merkwürdige Anschwellen ihrer Füße und Knöchel, was allen erst wie Diabetes erschien, bis der Test negativ ausfiel.

Wir saßen da, redeten, schauten einander an und weinten. Ausführlich erzählte sie mir, wie der Arzt die beiden Herztöne vernommen hatte und wie aufgeregt er wurde. Er setzte sein Stethoskop an den verschiedensten Stellen auf, um die doppelten Herztöne zu vernehmen.

Nachdem wir noch ein Dutzend mal ausgerufen haben: »Das ist unglaublich«, »Nicht zu fassen« usw., forschten wir in unserer Familiengeschichte, ob es da noch andere Fälle von Zwillingen gegeben hatte. Nein, wir waren die einzigen.

Schließlich kehrten wir in die Wirklichkeit zurück. Es blieben uns noch sechs Wochen, um uns auf die Ankunft von zwei neuen Menschen in unserem Leben einzustellen. Nathan würde in einem großen Bett schlafen müssen, damit sein kleines Bettchen zusammen mit einem gebraucht gekauften für die Zwillinge zur Verfügung stand. Grace mußte ihre Arbeit in der Sonntagsschule vorläufig aufgeben, weil der Arzt ihr von jetzt ab strikte Bettruhe verordnet hatte. Wir waren ganz aufgeregt, ob wir in den sechs Wochen uns noch rechtzeitig auf die Ankunft von zwei Menschen vorbereiten konnten. Und wie oft kommen Zwillinge früher an, als vorgesehen!

Am 14. März — elf Tage später — erschienen Rhonda Joy und Tricia Dawn.

Meine Erinnerungen an das erste Jahr sind ziemlich verschwommen. Alle Eltern von Zwillingen werden Ihnen vermutlich bestätigen, daß, wenn man das erste Jahr überlebt hat, man vermutlich auch den Rest der Zeit überstehen wird. Wir warteten jeweils abends, bis Grace die erste Nachtmahlzeit fütterte — dem Baby, das zuerst schrie —, und ich nahm dann das zweite. Morgens unterhielten wir uns meistens darüber, wie lange unser Baby nachts wach war. Tagsüber mußten wir gleichzeitig füttern.

Die Belohnung für all diese Mühe kam, wenn wir unsere gesamte Energie aufwandten, um als Familie in die Öffentlichkeit zu treten. Die Leute umschwärmten dann den Wagen mit Oh- und Ah-Rufen und stellten dumme Fragen wie »Sind das Zwillinge?« Zu solchen Zeiten vergaßen Grace und ich die Arbeit und Mühe und genossen die Schönheit der doppelten Gabe Gottes.

Lang, nachdem wir die Wochentage in den Griff bekommen hatten, blieb mein Problem der Sonntagmorgen. Fünf Personen mußten gefüttert, angezogen und ins Auto verfrachtet werden, und es schien ziemlich unmöglich, das ohne zwei oder drei Tränenausbrüche (bei den Kindern) oder Frustration und Ärger (bei den Erwachsenen) zu schaffen.

Ich erinnere mich im besonderen an einen Sonntag kurz vor dem ersten Geburtstag der Zwillinge. Es war nicht gerade einer der schlimmsten Sonntage, aber auch nicht der beste. Meine Schwierigkeit war innerer Art. Ich hatte das Gefühl, daß dieses Wochenende nur aus Kindern, Kindern und nochmals Kindern bestanden hatte. Ich hatte mich bemüht, jedem Kind Zeit zu schenken und Grace etwas Ausspannung zu gönnen, aber tief in mir hatte ich den Wunsch, im Haus einiges zu erledigen. Dringend brauchte mein kleines Büro eine Neuorganisation. Ich wollte das tun, was *ich* wollte. Ich wollte meine Zeit nützlich einsetzen.

Am Sonntagmorgen wurde meine Stimmung immer trüber. Mühsam überstand ich das Frühstück und Ankleiden. Ich half Nathan in seine Sachen, während Grace sich um die Mädchen kümmerte. In letzter Minute wurde nochmals schnell eine schmutzige Windel gegen eine saubere gewechselt. Schließlich waren alle fertig für die Fahrt im Auto.

Aber ich war nicht in der richtigen Verfassung für einen Gottesdienstbesuch. Ich hatte das Gefühl, nur meine Pflicht erfüllt zu haben trotz meines inneren Widerstands. Wir ließen die Mädchen in der Kinderverwahrung und brachten Nathan in seine Gruppe. Grace ging in eine Gruppe der Gemeindebibelschule, und ich bemühte mich ernsthaft, die Zeit bis zum Anbetungsgottesdienst gut zu nutzen. Am liebsten wollte ich einfach nur da sitzen und vor mich hindösen. Ich interessierte mich nicht für die Diskussion in der Gruppe.

Einige Minuten lang gab ich mich meinem Selbstmitleid hin. Doch ich fühlte mich dabei gar nicht so wohl, wie ich gehofft hatte. Schließlich ging ich doch noch mit etlicher Verspätung in die Gruppe und fand sogar einen Platz neben Grace.

Der Text für diesen Morgen stand in Philipper 2. Ich hörte

aufmerksam zu, als die Heilige Schrift gelesen wurde: »Tut nichts aus Zank oder um eitler Ehre willen, sondern in Demut achte einer den andern höher als sich selbst; und ein jeglicher sehe nicht auf das Seine, sondern auch auf das, was des andern ist. Ein jeglicher sei gesinnt, wie Jesus Christus auch war: welcher, ob er wohl in göttlicher Gestalt war, nahm er's nicht als einen Raub, Gott gleich zu sein, sondern entäußerte sich selbst und nahm Knechtsgestalt an, ward gleich wie ein anderer Mensch und an Gebärden als ein Mensch erfunden. Er erniedrigte sich selbst und ward gehorsam bis zum Tode, ja zum Tode am Kreuz« (Phil. 2, 3—8).

Der Gesprächsleiter brauchte nicht ein einziges Wort zu sagen. Der Apostel hatte mich bereits getroffen. *Dienst, Dean! Das ganze Wochenende über hast du es abgelehnt, ein Diener zu sein, und das ist der Grund für deine trübselige Stimmung. Du hast vergessen, daß Gott dich zum Diener für Nathan und Rhonda und Tricia und ebenso für Grace gemacht hat.*

Ein Freund von mir, der Pfarrer ist, sagt: »Was sind die wahren Kennzeichen geistlicher Reife? Wenn man Christen befragte, was würden sie antworten? Ich habe den Eindruck, daß folgende Antworten am meisten auftauchen würden: die Fähigkeit zu beten, Auslegung der Heiligen Schrift, Zeugnis geben, Besitz von Geistesgaben wie Krankenheilung, Wunder tun und ähnliches.«

Dagegen wendet sich mein Freund nicht, ich auch nicht. Doch seiner Meinung nach beweisen die zwischenmenschlichen Beziehungen den Stand der geistlichen Reife. Wenn mein Christsein nicht die Beziehung zu meiner Frau bestimmt, zu meinen Kindern, zu meiner Gemeinde und zu meinen Mitchristen — dann bin ich keineswegs geistlich so reif, wie ich vielleicht denke.

Die Jesus-Bewegung der ersten siebziger Jahre hat eine Menge von Slogans hervorgebracht — einige gut, andere schlecht. Einer, der mir am besten gefiel, lautete: DIENE DEM HERRN, DIENE DEN MENSCHEN.

Die zweite Hälfte ist nur die praktische Übersetzung der ersten. Beide bedeuten dasselbe. In meiner Rolle als christlicher Ehemann, als Haupt dieser Ehe und Familie, ist DIENE DEM HERRN, DIENE DER FAMILIE, keine schlechte Definition meiner Tätigkeit.

3. Menschen, die Menschen brauchen

Sie haben den folgenden Satz schon so oft gehört, daß Sie ihn nicht mehr richtig aufnehmen. Er ist nahezu zum Klischee geworden. Doch Gott hat es gesagt — und deshalb hat er tiefe Bedeutung. Vielleicht läßt dieser Satz manche zusätzliche Bedeutung zu. Hier ist er: »*Es ist nicht gut, daß der Mensch allein sei*« (1. Mose 2, 18). Denken Sie über diesen Satz nach. *Es ist nicht gut, daß der Mensch allein sei.*

Für mich ist das mehr als nur eine Entschuldigung, daß man heiratet. Ich glaube, daß Gott eine grundsätzliche Beobachtung über die Natur des menschlichen Wesens gemacht hat. Er sagt so etwas wie: »Ich hätte die Menschen ganz anders machen können, aber ich entschied mich, die Menschen so zu schaffen, daß sie andere Menschen brauchen. Ein Mensch, der allein ist — ob er es zugibt oder nicht —, hat es sehr viel schwerer.«

Wenn wir etwas darüber nachdenken, wird uns deutlich, daß Gott nicht nur die physische Nähe meint. Sicher haben wir alle schon die Erfahrung gemacht, daß wir uns mitten in einer großen Party ganz einsam fühlten. Einige Soziologen haben herausgefunden, daß die persönliche Distanz desto größer wird, je näher wir uns geographisch kommen. Die meisten Bauern kennen ihre meilenweit entfernt wohnenden Nachbarn besser und pflegen intensivere Beziehungen zu ihnen, als die Leute, die in Hochhäusern wohnen und keine Ahnung haben, was für ein Ehepaar hinter der Nachbartüre im gleichen Hause lebt.

1. Mose 2, 18 bedeutet also nicht, daß die Tatsache allein, daß Sie mit Ihrer Ehefrau unter einem Dach wohnen, die Einsamkeit wegnimmt. Genauso wenig bedeutet diese Bibelstelle, daß eine alleinstehende Person, die alleine wohnt, automatisch von segensreichen Beziehungen ausgeschlossen ist. Gott will damit sagen, daß Männer, Frauen, Verheiratete, Ledige, kurz alle Leute zwischenmenschliche Beziehungen brauchen und sie das auch zugeben sollen.

Es gibt viele alleinstehende Erwachsene, die das sehr wohl verstanden haben. Deshalb suchen und festigen sie auch gute zwischenmenschliche Beziehungen zu anderen. Und es gibt viele Ehemänner (und Ehefrauen), die, obwohl sie in der physischen Nähe ihres Partners leben, letztlich doch alleine und einsam sind.

Warum ist Allein-Sein »nicht gut«?

Die Notwendigkeit für Gemeinschaft hat Gott der menschlichen Rasse bereits im Garten Eden »eingepflanzt«. Offensichtlich brauchen wir einander schon aus pyhsischen Gründen, damit wir uns gegenseitig helfen können, Nahrungsmittel zu beschaffen, Kleidung und ein Zuhause. Ein Mann, der nur heiratet, um eine Köchin und Näherin zu bekommen, überlegt nicht viel.

Unsere größeren Bedürfnisse liegen nicht in materiellen Dingen. Unsere Mahlzeiten können wir eher allein kochen und unsere Oberhemden allein bügeln, als unsere eigenen Ideen oder Pläne oder unsere Zukunft selbst kritisieren. Wir können es auch anders ausdrücken: Wir brauchen »feedback«, jemanden, der uns etwas entgegnet, jemanden, der uns ermutigt, wenn wir mutlos sind, und uns bremst, wenn wir das brauchen. Jemand, der uns schon einmal sagt: »Das ist eine fantastische Idee. Du bist großartig!« Oder: »Ja, aber was ist denn mit . . .?« Oder: »Gestern habe ich etwas darüber gelesen. Wußtest du, daß . . .« Oder: »Das war doch nicht dein Ernst!«

Gleichzeitig können wir Ehemänner einen Beitrag leisten, indem wir die Gedanken, Ideen und Träume unserer Frau anhören und darauf reagieren. Es gilt nicht nur für den Beruf, auch für das Privatleben: Zwei Köpfe sind wirklich besser als nur einer. All das soll den Wert des Allein-Seins nicht verleugnen. In der Bibel wird uns berichtet, wie wichtig Zeiten des Nachdenkens sind, in denen man sich von anderen Menschen zurückzieht, um sich auf sich selbst zu besinnen. Mose beispielsweise verbrachte mehrmals vierzig Tage im Gespräch mit Gott.

Aber war das echte Einsamkeit? Vielleicht war es sogar die großartigste Form aller möglichen Begegnungen überhaupt. Mose war gar nicht allein. Er stand Gott von Angesicht zu Angesicht gegenüber, und seine ganze Aufmerksamkeit galt dem Dialog.

Wenn wir eine ernsthafte Begegnung mit einem anderen haben, sei es nun Gott oder ein Mensch, dann denken wir nicht an Einsamkeit.

Das ist das Wunder des Gebetes. Es ist auch das Wunder der christlichen Ehe. Je mehr wir versuchen, gleichzeitig mit verschiedenen Menschen eine Beziehung zu haben, desto mehr reißen die einzelnen Beziehungen und desto mehr nähern wir uns wieder der Einsamkeit.

Ein Beispiel ist die große Gesellschaft.

»Was hast du heute gemacht?«

Was wäre, wenn wir unsere Frau bäten, den folgenden Satz zu vervollständigen: *Der größte Beweis dafür, daß mein Mann mich liebt, ist, daß*
— er Geld für mich ausgibt.
— er großartig in sexueller Hinsicht ist.
— er mit mir redet.

Ich denke, wir wissen, wie die Antwort ausfallen würde. Nummer drei würde im hohen Bogen gewinnen. Frauen suchen das Gespräch. Sie sind enttäuscht, wenn sie keine Möglichkeit zum Gespräch bekommen. Sie können ein knapp bemessenes Haushaltsgeld oder Kopfschmerzen zur Schlafenszeit viel besser ertragen als ein schweigendes Abendessen.

Warum?

Wenn Sie denken, alle Frauen wären geschwätzig, dann sollten Sie sich schämen. Es gibt legitime Gründe dafür:

1. Eine Ehefrau ist ebenso ein menschliches Wesen wie Sie auch. Und wie wir bereits zur Kenntnis genommen haben, hat Gott die Menschen nicht fürs Allein-Sein geschaffen. Er schuf uns, Männer und Frauen, zur Gemeinschaft und gegenseitigen Beziehung.

2. Eine Frau interessiert sich verständlicherweise dafür, wie es ihrem Führer/Diener geht. Angenommen, sie bejaht die biblischen Rollen, wie wir sie in den vergangenen Kapiteln besprochen haben, dann erkennt sie in Ihnen den Führer des unsichtbaren Bereichs, der Ihnen beiden geschenkt worden ist. Sie sucht Anleitung bei Ihnen — nicht Befehle oder Reglementierungen, sondern das offene Gespräch und, was noch wichtiger ist, Ihr Handeln als Diener.

Vielleicht würden die ganzen Kontroversen unter so vielen Christen, daß die Frau dem Mann untertan sein soll, nicht so hitzig sein, wenn wir beachteten, daß Gott für die Ehe die *Einheit* beabsichtigt hat. Die Aussage in Epheser 5 über die Unterordnung verstehe ich nur als Vorsorge für Notfälle, eine Maßnahme für solche Augenblicke, wenn eine Entscheidung getroffen werden muß und wir uns nicht mit unserer Frau haben einigen können. Im Fall einer Sackgasse soll dann der Mann entscheiden. Aber war die Sackgasse überhaupt nötig?

Manager in der Geschäftswelt legen größten Wert darauf, daß unter den Mitarbeitern eine Team-Atmosphäre herrscht, ein Sinn für gemeinsame Aufgaben, so daß die Probleme von der Basis her gelöst werden: »Wir sollten eigentlich . . .« anstatt »Der Chef sagt . . .« Wenn in unserer Ehe das Ziel der *Einheit*, des *Eins-Seins*, der *Übereinstimmung* und der *Gemeinsamkeit* zentraler wären, dann brauchten wir vielleicht nicht mehr soviel über Unterordnung zu reden. Wenn wir wirklich daran glaubten, daß es Gottes Wille ist, daß zwei Menschen eins werden, dann hätten wir es nicht mit so vielen Konfrontationen zu tun. Denn, wenn wir und unsere Frau uns in einer bestimmten Frage einig sind, dann braucht sich niemand unterzuordnen. Dann bewegen wir uns in Übereinstimmung vorwärts. Die Verschmelzung zweier verschiedener Überzeugungen geschieht hauptsächlich durch das Gespräch.

3. Wenn Ihre Frau den ganzen Tag zu Hause ist, dann hat sie nicht die Möglichkeit, vielen Erwachsenen zu begegnen. Vermutlich ist sie Mutter und lebt den größten Teil der Woche in der Welt der Kinder. Die meisten Erwachsenen, mit denen sie längere Zeit zusammen ist, sind ihr *sehr* ähnlich — andere Mütter, die ebenfalls mit ihren Kindern zu Hause sind.

In diese Situation kommen Sie also um fünf Uhr. Sie sind dann eine Neuheit. Sie sind ein Mann anstelle einer Frau. Und Sie waren den ganzen Tag über in der Welt der Erwachsenen. Sie waren in einer Welt voller Ideen, Maschinen, Geld und vieler interessanter Dinge. Sie bringen eine nette Abwechslung in ihren Alltag. Sie sind ihr Fenster zu vielen Orten, Menschen und Ereignissen, die sie sonst nicht erleben kann.

»Aber ich bin *müde*, wenn ich von der Arbeit nach Hause komme«, sagen Sie. »Ich kämpfte mich fünfundvierzig Minuten lang über die Autobahn, und meine Arbeit schwirrt mir immer noch im Kopf herum. Ich bin absolut nicht in der Verfassung, ein guter Gesprächspartner zu sein.«

Das stimmt wahrscheinlich. Viele von uns stehen in Berufen, in denen man nicht sofort abschalten kann. Es braucht einige Zeit, bis wir daran denken, daß ein neuer Tag folgen wird und daß wir die Arbeit dann immer noch vorfinden werden.

Die Zeit des Abendessens mag nicht unbedingt die beste Zeit für ein gutes Gespräch für Sie und Ihre Frau sein. Es gibt auch kein Gesetz, das das vorschreibt. Es gibt auch noch viele andere Möglichkeiten. Ich kenne ein Ehepaar, das jeden Morgen um halb fünf aufsteht, um viel Zeit für ein gemütliches Frühstück und ein ausführliches Gespräch zu haben, ehe der Tag mit seinen vielen Verpflichtungen für sie beginnt.

Wichtig ist, daß Sie und Ihre Frau Ihr Leben nicht jeder für sich alleine leben. Die Einzelheiten bleiben Ihnen überlassen.

Sicherlich gehen Ihre Gespräche über Fragen wie diese hinaus: »Was wirst du heute machen?« Die alltäglichen Orte, an denen Sie waren, die Leute, die Sie getroffen haben, und die Katastrophen, die Sie vermieden haben, sind zweifellos ein guter Einstieg. Aber das ist nicht genug. In der Tat kann so etwas allein auf die Dauer sehr langweilig werden, wenn Sie nicht beide dahin kommen, Ihre Pläne, Gefühle, Wünsche, Hoffnungen, Ängste, Ziele und Träume miteinander zu teilen. Viele Ehemänner gähnen, während ihre Frauen ihnen ihren Morgenkaffeeklatsch beschreiben. Sie gähnen nicht, weil der Klatsch selbst langweilig war, sondern weil sie kein Gefühl dafür haben, warum das für ihre Frauen wichtig sein könnte. Er kennt kaum die Familien in der nächsten Nachbarschaft. Vielleicht kann er nicht einmal die Namen mit den Gesichtern in Verbindung bringen, von denen seine Frau erzählt. Diese Leute existieren für ihn nicht. So ist es kein Wunder, daß er keine Beziehung hat zu den Diskussionen des Kaffeeklatsches über Ferienerlebnisse, nette Restaurants und dergleichen, weil er im Grunde auch gar nicht die geheimen Wünsche, Vorlieben oder Abneigungen zu diesen Punkten bei seiner Frau kennt.

Das Neue Testament weist in 1. Kor. 14, 35 sogar darauf hin, daß Ehemänner und Ehefrauen eins sein sollen im christlichen Glauben und in der christlichen Lehre. Paulus (aus welchen Gründen auch immer) bat die Frauen des ersten Jahrhunderts, in den Gottesdiensten zu schweigen — aber nicht, ihre Fragen zu begraben. »Sie sollen zu Hause ihre Männer fragen«, schrieb er.

Wann haben Sie und Ihre Frau die letzte theologische Diskussion gehabt?

Die Zeit finden

Die unglücklichste Sache an der Mann-Frau-Kommunikation ist die, daß ihr Nicht-Vorhanden-Sein nicht sofort die Folgen deutlich macht. Ihr Magen wird niemals knurren, wie er es tut, wenn Sie eine Mahlzeit verpassen. Sie werden nicht durch den nächsten Tag stolpern, wie Sie es tun, wenn Sie erst um drei oder halb vier am Morgen ins Bett gekommen sind. Deshalb ist es auch ziemlich einfach, mit den mehr weltlichen Dingen beschäftigt zu bleiben und sich nie auf geistiger Ebene zu begegnen.

Aber wenn Sie überzeugt sind, daß Sie sie *brauchen* und sie Sie *braucht,* daß es nicht gut ist, alleine zu leben, dann werden Sie auch die Zeit finden. In Ergänzung zu den bereits erwähnten Möglichkeiten — die Zeit des Abendessens oder der frühe Morgen — sind hier noch weitere Vorschläge:

Spät am Abend, wenn Sie ins Bett gehen (es sei denn, Sie gehören zu den Typen, denen sofort die Augen zufallen, sobald Sie im Bett liegen). Natürlich gibt es auch Nächte, in denen Sie die non-verbale Kommunikation pflegen (darüber mehr in Kapitel 9), aber wie ist es mit den anderen Nächten?

Fahrten — eine wunderschöne Einrichtung, um über alles Mögliche miteinander zu reden. Sie sitzen dort zusammen und können nicht viel anderes tun — warum nutzen Sie diese gemeinsame Zeit nicht aus? Lange Fahrten sind großartig, aber selbst die kurzen Fahrten zum Einkaufszentrum, zur Gemeinde oder zu Freunden bieten gute Gesprächsgelegenheiten.

Restaurants. Die großen, vornehmen Restaurants eignen sich natürlich auch, aber auch die kleinen Cafés an der Ecke, wo man ein Stückchen Kuchen und ein Kännchen Kaffee für ganz wenig Geld erhalten und eine Stunde oder länger bleiben kann, wenn man möchte.

Urlaub. Das Entscheidende im Urlaub ist nicht nur, daß man etwas Schönes *tut,* um den Alltag zu vergessen, sondern vor allem auch, um mehr Zeit miteinander zu verbringen, als das während einer normalen Woche möglich ist. Urlaub eignet sich großartig für schwerwiegende Themen, die man lange besprechen muß.

»Verabredungen.« Wenn die ebengenannten Situationen nicht ausreichen, dann gibt es nichts, was dagegen spräche, jede Woche einen bestimmten Zeitpunkt zu vereinbaren, wo man sich einfach ins Wohnzimmer setzt, den Fernsehapparat ausschaltet und redet. Denken Sie, das sei künstlich und blöd? Nicht, wenn Sie davon überzeugt sind, daß das Gespräch mit Ihrer Frau mindestens ebenso wichtig ist wie ein Besuch bei Ihrem Hausarzt. Das eine kann man ebenso leicht aufschieben wie das andere, aber in beiden Fällen werden Sie irgendwann einmal wünschen, Sie hätten es nicht aufgeschoben.

Eine passende Zeit zu finden, wird hundertprozentig viel schwieriger, sobald Kinder da sind. Als Grace und ich vier Jahre verheiratet waren, empfanden wir, daß Gott von uns wollte, daß wir ein Problem in meiner Familie lösten, indem wir meine dreizehnjährige Nichte einluden, bei uns zu leben. Wir waren bis dahin gewohnt gewesen, zweimal täglich völlig frei und offen während der Mahlzeiten zu reden sowie an manchen zusätzlichen Stunden am Wochenende.

Plötzlich standen drei Teller auf dem Tisch, nicht mehr zwei. Plötzlich war ein dreizehnjähriges Mädchen dabei und hörte all dem zu, was wir sprachen. Unverzüglich filterten wir unsere Gespräche. Es war nicht mehr ein Gespräch zwischen Dean und Grace, sondern zwischen Dean/Vickie und Grace/Vickie. Dabei ging es um die Schule, ums Schwimmen, die Jugendgruppe in der Gemeinde, Freunde, Kleidung . . . alles wichtige Bereiche ihres Lebens. Wir wußten, daß wir Brücken zu ihr hin bauen mußten, und dazu eigneten sich die täglichen Mahlzeiten.

Aber wann konnten Grace und ich über unsere finanziellen Angelegenheiten sprechen? Wann konnten wir über Probleme an meiner Arbeitsstelle reden (die in jenem Jahr besonders bedeutungsvoll waren)? Wann konnten wir beide über unsere Gefühle betreffend Vickie sprechen? Ob wir die richtige Entscheidung bezüglich ihres letzten Wunsches getroffen hatten? Ob sie sich erwünscht und geliebt fühlte? Was wir anders machen sollten?

Wir mußten also andere Zeiten vereinbaren, in denen wir allein sein konnten, um miteinander zu sprechen, in denen wir völlig entspannen und uns daran gewöhnen konnten, daß wir plötzlich Eltern eines Teenagers waren, und in denen wir unsere Entscheidungen abstimmen, uns unserer Liebe und Dankbarkeit vergewissern konnten, für das, was der andere zu diesem Wagnis dazutat.

Wenn ein neugeborenes Baby in Ihre Familie kommt, dann bedeutet das am Anfang nicht eine so starke Einschränkung Ihrer Kommunikation. Sie sind zwar äußerst beschäftigt, selbstverständlich, aber Sie können miteinander reden, *während* Sie sich um das Baby kümmern.

In weniger als einem Jahr allerdings sitzt Ihr Sohn oder Ihre Tochter in einem hohen Kinderstühlchen mit Ihnen am Tisch. Das Kind versteht zwar immer noch nicht, was Sie sagen, aber es wird nun weitaus schwieriger, sich Ihrer Frau zuzuwenden, während Sie gleichzeitig versuchen, das Kleine zu füttern. Das bringt doch manche Ablenkung mit sich.

Im Alter zwischen zwei und drei Jahren beginnt Ihr Jüngster schon, einfache Brocken Ihrer Unterhaltung aufzugreifen. In unserer Familie bemühen wir uns oft, an den Kindern vorbei etwas zu sagen, indem wir die Schlüsselworte buchstabieren (»Halte die

K-e-k-s-e außer Sichtweite, bis sie ihren Kartoffelbrei aufgegessen hat!«) oder indem wir doppeldeutige Elternsprache sprechen (»Der Älteste wird an einer Reinigung bald nach Beschließung dieses Mahls teilnehmen.« Übersetzung: »Nathan wird nach dem Abendessen baden.«).

Mit der Zeit lernen Ihre Kinder natürlich, wie man buchstabiert oder manche Sätze übersetzt und versteht, so daß Mutter und Vater andere Zeiten und Orte finden müssen, um einander das zu sagen, was sie einander mitteilen müssen. Die Gefahr liegt darin, daß wegen der Kinder oder auch aus anderen Gründen (Arbeitsüberlastung zum Beispiel) Sie und Ihre Frau es nicht schaffen, genug Zeit für vernünftige Gespräche zu finden. Das ist schlimm.

Selig sind die Friedenstifter

Selbst bei der besten Zeitplanung und den besten Absichten kann es sein, daß die Kommunikation zuweilen völlig daneben geht. Sie beide werden einfach nicht in jedem Augenblick Ihres Ehelebens in völliger Harmonie sein. Wir haben alle schon die Erfahrung von Disharmonie und Konflikten gemacht. Wir wissen, wie schlimm wir uns dann fühlen. Ich kann Meinungsverschiedenheiten oder Mißverständnisse mit jedem in dieser Welt leichter ertragen als mit Grace. Wenn wir uns über etwas gezankt haben, ganz gleich, worum es dabei ging, dann fühle ich mich miserabel.

Eine wichtige Frage stelle ich mir jedesmal, wenn ein eheliches Problem oder Mißverständnis auftaucht: »Ist das ein tatsächliches Problem oder existiert es nur in meiner Vorstellung? Hatte sie wirklich die Absicht, mir diesen Kummer zu bereiten? Oder war es ein Unglück?« In den meisten Fällen war es ein Unglück. Entweder wir hatten uns nicht genug Zeit genommen, die Sache gründlich durchzusprechen, wir waren in Eile gewesen und hatten das Gespräch vorzeitig abgebrochen, oder wir hatten überhaupt nicht darüber gesprochen. Wir hatten einfach angenommen, wir wüßten, was im Kopf des anderen vorging.

Oder wir verwischten den Unterschied zwischen Idee und Person. Wir steckten unser Ego in die Position, die wir verteidigten. Es war nicht mehr eine Frage, ob das Schlafzimmer in Blau schöner aussehen würde als in Beige, sondern die Frage war, wessen Wille stärker war. In solchen Augenblicken haben wir beide vergessen, daß wir dazu berufen sind, einander zu dienen.

Ich zähle ein paar »unfaire Techniken« auf, die Männer und Frauen oft gebrauchen. (Ich habe sie in einem Buch gelesen.) Wie viele davon klingen Ihnen vertraut?

»Bin ich nur dazu da, dir zu Füßen zu fallen, um dir deine Schuhe zu lecken?« — Unfaire Technik I: Vorgeben, der andere habe eine unzumutbare Forderung gestellt.

»Das tatest du nur, weil du dich schuldig fühltest.« — Unfaire Technik II: Vorsicht beim Lesen, Psychologisieren und Schlußfolgerungen-Ziehen, beim Vorgeben, daß ein einziges Motiv für die gesamte Motivation spräche, bei Zukunftsvorhersage.

»Auf jeden Fall schau, wie schmutzig dieses Zimmer ist!« — Unfaire Technik III: Wechseln des Themas; Gegenbeschuldigungen gebrauchen.

»Und außerdem . . .« — Unfaire Technik IV: Mehr als eine Beschuldigung auf einmal vorbringen.

»Ich bemühe mich viel mehr als du.« Unfaire Technik V: Prahlen oder angeben mit eigenem Können.

»Warum aus einer Mücke einen Elefanten machen?« — Unfaire Technik VI: Der Gebrauch von Logik, um sich vor der emotionalen Wirklichkeit zu verstecken.

»Aber das ist nicht wahr. Ich tat es nicht . . .« — Unfaire Technik VII: Unterbrechung.

»In Ordnung, wir werden sehen, was du sagen wirst, wenn ich mich von dir scheiden lasse!« — Unfaire Technik VIII: Der Gebrauch der Atombombe, der Elefant im Porzellanladen; Einschüchterung, Schreien, Weinen und »Explodieren«.

»Du bist genau wie dein Vater, der auch nichts taugte.« — Unfaire Technik IX: Den Partner für etwas beschuldigen, wofür er gar nichts kann oder jetzt nichts dran ändern kann; Ablehnung zu vergeben.

»Wie kannst du nur so dumm sein?« — Unfaire Technik X: Demütigung des Partners; Beleidigung und Beschimpfung; Waschen schmutziger Wäsche in der Öffentlichkeit; ungünstiger Vergleich.

»Das steckt alles in deinem Kopf.« — Unfaire Technik XI: Verrücktmachen.

»Buh-huh, buh-huh.« — Unfaire Technik XII: Bereits verletzt sein, wenn der andere den Hut fallen läßt; Erzeugung von Schuldgefühlen; zerstörender Gebrauch von Tränen.

»Sicher, sicher, ich werde Gift darauf nehmen.« — Unfaire Technik XIII: Der Gebrauch von Sarkasmus und Spott.

»......« — Unfaire Technik XIV: Schweigen, Ignorieren, Schmollen, »Kalte-Schulter-Behandlung«.

Erstaunlich für mich ist, daß man solche Bemerkungen der Person gegenüber macht, die man am meisten auf der ganzen Welt liebt — während unser Anstand uns verbieten würde, sich so unserer Sekretärin, einem Verkäufer oder Mitarbeiter gegenüber zu äußern. Jeder Vorarbeiter oder Manager weiß, daß es einen richtigen und einen falschen Weg gibt, mit jemandem umzugehen, der eine andere Meinung vertritt. Wie kommt es, daß wir nach Hause kommen und Dinge sagen, die wir nie zu anderen Menschen sagen würden?

Besonders interessant ist, zu beobachten, was geschieht, wenn wir beides miteinander betrachten — wenn wir mit unserer Frau und mit anderen Menschen in Gesellschaft zusammen sind. Man kann eine Menge Informationen erhalten, wenn man Ehemänner und -frauen in der Öffentlichkeit beobachtet, wie sie miteinander umgehen. Ich habe manchmal an einem einzigen Abend erlebt, wie anscheinend glücklich verheiratete Leute sich vier-, fünf- und sechsmal nahezu »niedergeputzt« haben. Dinge wie: »Ich hätte nicht gedacht, daß George diesen Ort heute abend noch finden würde. Er fuhr immer wieder um den Block herum. Er hatte sogar den Zettel vergessen, wo ich die Wegbeschreibung aufgeschrieben hatte.«

»Oh, schau dir diese Vorspeise an. He, Joyce, willst du mal zur Abwechslung gute Mahlzeiten sehen?«

»Wie gefällt euch die 100-Mark-Frisur meiner Frau?«

Die amerikanische Art von Humor besteht größtenteils aus Sarkasmus oder indem man den anderen blamiert. (Im Gegensatz dazu besteht der Humor anderer Länder der Welt aus Wortspielen, so daß amerikanische Späße oft roh und gemein erscheinen, wenn man sie vergleicht.)

Der christliche Ehemann wird der Versuchung widerstehen, seine Frau dazu zu benutzen, einen Witz zu machen, um richtig lachen zu können. Wenn er sich wirklich gut mit seiner Frau versteht, dann kann er solche Späße zu Hause privat mit ihr machen. Paulus schreibt in Epheser 5, 29 und 33: »Denn niemand hat jemals sein eigen Fleisch gehaßt (sollen wir hinzufügen: ›geärgert‹?); sondern er nährt es und pflegt es, gleichwie auch Christus die Gemeinde. Darum auch ihr, ein jeglicher habe lieb seine Frau wie sich selbst; die Frau aber fürchte den Mann.«

Ich kann mir vorstellen, daß Christus eine Menge komischer

Späße über die Unvollkommenheit der Gemeinde hätte machen können, aber das tut er nicht. Er liebt uns viel zu sehr.

Der Beweis der Liebe wird oft in Worten ausgedrückt — ob öffentlich oder privat. Worte *an* unsere Frauen — Worte *über* unsere Frauen. Worte — die rechte Art von ehrlichen und bestätigenden Worten — sind die Steinstufen, die uns von der Tragödie des Allein-Seins wegführen. Sie sind die Steine, mit denen wir das Schloß der Ehe bauen.

4. Das liebe Geld

In den ersten fünfundzwanzig Jahren unseres Lebens, so sagte jemand, ist unser größter Mangel das *Geld*. In den nächsten fünfundzwanzig Jahren ist unser größter Mangel die *Zeit*. Und in den letzten fünfundzwanzig Jahren kämpfen wir am stärksten um unsere *Kraft*.

Darin steckt eine Menge Wahrheit — aber ich habe Neuigkeiten für den weisen Mann: Die Geldprobleme hören nicht mit dem fünfundzwanzigsten Geburtstag auf. (Und die Zeitprobleme beginnen schon früher.)

Jeder Mangel bringt natürlicherweise Spannungen hervor. Wir wissen alle, wie leicht Ehen am Geld scheitern oder zumindest in große Konflikte kommen, wenn es nicht zu dem reicht, was wir und/oder unsere Frau will. Längst nachdem sich unser Sexualleben harmonisch entwickelt hat und wir uns über unsere beruflichen Ziele geeinigt haben und die Größe unserer Familie gut geplant ist, können wir immer noch mit Geldsorgen zu tun haben, ohne daß eine Lösung in Sicht ist.

Unsere Schwierigkeit ist gewöhnlich ein klassisches Beispiel dafür, daß wir uns Sorgen machen um ein paar individuelle Bäume anstatt um den Wald. Warum sind Lebensmittel so teuer? Warum hat sie den neuen Mantel gekauft, wo sie doch wußte, wie knapp wir in diesem Monat sind? Eine zünftige sechsmonatige Versicherungsprämie ist fällig, und es gibt keine Reserven, aus denen man schöpfen könnte.

Und wir reagieren. Wie schießen scharf. Wir bemühen uns, die Kosten niedrig zu halten. Wir jammern über die ständig steigenden Lebenskosten. Je nachdem beschuldigen wir die Demokratie oder die Republik. Damit das um sich greifende Feuer angehalten werden kann, schreiben wir schweren Herzens einen Scheck und hoffen aufs Beste. Oder wir leihen uns Geld und zahlen hohe Zinsen.

Es muß doch aber einen besseren Weg geben.

Wessen Geld?

Die Bibel sagt nicht, daß das Geld die Wurzel allen Übels ist. (In 1. Tim. 6, 10 sagt sie: »Denn Habsucht ist eine Wurzel alles Übels ...«) Geld an sich sollte uns nicht Kopfschmerzen bereiten.

Es sollte auch nicht zur Quelle des Streits werden. Vielmehr ist Geld eine unserer Quellen (zusammen mit Zeit, Kraft, Luft, Wasser usw.) bzw. ein Teil des Rohmaterials, womit wir unser Leben aufbauen. Geld, so glaube ich, ist eine weitere »gute und vollkommene Gabe ... von oben, von dem Vater des Lichts ...« (Jak. 1, 17).

Denken Sie nicht, Gott sei zu heilig, um sich mit solchem Zeug abzugeben. Die Heilige Schrift spricht oft von ihm als dem Schöpfer und Besitzer des gesamten Kosmos. Seine vielen Fragen in Hiob 38—41 sind eine zusammengefaßte Litanei alles dessen, was unter seiner Kontrolle steht.

Und er hat ein wenig von diesen Schätzen Ihnen und Ihrer Frau zur Verwaltung anvertraut. Er hat Ihnen beiden eine Kombination von Kraft und Intelligenz geschenkt, die Sie für etwa vierzig Stunden jede Woche zu Einkommen umwandeln.

Natürlich machen Sie auch noch eine Menge anderer Dinge mit Ihrem Vermögen an Kraft und Intelligenz, die Ihnen kein Bargeld einbringen, z. B. den Rasen mähen, das Frühstück zubereiten, Ball spielen, die Wäsche machen usw. Alles hat seinen bestimmten Platz.

So kommen wir zu folgenden Prämissen:

1. Geld ist etwas Gutes — es ist eine der Gaben Gottes für uns.

2. Weil es eine Gabe Gottes ist, muß sie sorgfältig und mit Überlegung gebraucht werden.

3. Die Gabe des Geldes ist eine hinzugefügte Gabe, ein hinzugefügtes Vermögen. Es gehört zum Haushalt, zum gemeinsamen Leben, das Sie und Ihre Frau begonnen haben.

Und die praktische Frage für Sie beide lautet: Was sollen *wir* mit *unserem* Geld machen?

Ich rede jetzt nicht über Ihre Steuererklärung und was Sie jedes Jahr davon zurückbekommen. Es geht auch um mehr als um die Unterschrift von Ihnen beiden auf Ihren Haus- und Grundstückspapieren. Es geht vielmehr darum, daß Sie beide es *spüren* und daran *denken,* daß es Ihr gemeinsames Geld ist. Es gehört Ihnen beiden, und Sie sind einander ebenso Rechenschaft schuldig wie dem großen Geber, wie Sie das Geld gebraucht oder mißbraucht haben.

Wir haben kaum Schwierigkeiten, über *den Kühlschrank* nachzudenken oder *den Fernsehapparat* oder *die Kinder.* Warum können wir dann nicht auch über *das Geld* nachdenken?

Das bedeutet, daß Sie und Ihre Frau Ihre Unabhängigkeit aufgeben. Sie zeigen sich einander völlig verletzlich. Sie kann den Haushalt zum Bankrott bringen. Und Sie auch. Aber Sie lieben einander ... Sie haben sich einander verpflichtet ... jeder achtet auf das Wohlergehen des anderen ... und das ist der enorme Unterschied.

Im Hinterkopf eines jeden steckt natürlich, *wer nun tatsächlich das Geld verdiente!* Wessen Name steht auf dem Scheck? Wer investierte tatsächlich Blut, Schweiß und Tränen, um das Einkommen zu sichern? Ich habe nicht nur meine Energie, sondern leider auch ein Stück meines Egos in diesem Geld. *Ich* habe es verdient. Andere Leute mögen während der letzten zwei Wochen gefaulenzt haben, aber *ich* habe meine Arbeit getan — und hier ist der Beweis. Ich bin eine produktive Person. Ich habe meine Bedeutung in dieser Welt. Was soll das also mit *unserem* Geld?!

Wenn Sie in Ihrem Haushalt der einzige Verdiener sind, dann haben Sie mit Ihrer Frau ein Abkommen getroffen, daß Sie den Teil der Arbeit draußen in der Wirtschaft tun, um das Geld nach Hause zu bringen, während sie den Großteil ihrer selbst in weniger lohnenswerten Aufgaben einbringt, die aber gleich wichtig sind. Diese Regelung macht Sie, mein lieber Freund, *nicht* besser als Ihre Frau. Es besagt ganz und gar nichts über Ihren Wert im Haushalt oder in der Gesellschaft im Vergleich zum Wert Ihrer Frau.

Ihre Nachbarn, Freunde und Geschäftspartner mögen *denken,* daß doch ein Wertunterschied bestünde. Wir leben in solch einer geldhungrigen Zeit, daß nur der Mensch wertvoll scheint, der viel Geld verdient. Je mehr man verdient, desto anerkannter ist man.

Das ist die gleiche Ansicht, wie sie von Nichtchristen vertreten wird. Wenn mein Wert als Person parallel zu meinem finanziellen Einkommen steigt oder fällt, dann stecke ich in tiefen Schwierigkeiten. Was passiert, wenn ich meine Stelle verliere? Oder krank werde? Oder älter als fünfundsechzig bin? Dann hätte meine Person demnach keinen Wert mehr.

Für uns Christen ist es nicht leicht, uns dem heidnischen Wertsystem entgegenzustellen. Meine Frau ärgert sich gelegentlich darüber, daß sie zur Zeit kein Geld verdient. In den ersten sechs Jahren unserer Ehe war sie Lehrerin. Ein Jahr davon ging ich noch zur Hochschule, und sie war die einzige Verdienerin. In einigen Jahren, wenn unsere Kinder zur Schule gehen, kann sie bestimmt wieder unterrichten. Aber jetzt ist sie eine vollzeitliche Mutter. Wir erinnern uns gegenseitig immer wieder daran, daß

Muttersein ein außerordentlich wichtiger und wertvoller Teil unseres gemeinsamen Lebens ist — in der Tat wichtiger, als ein paar zusätzliche Mark zu verdienen. Wir würden lieber meinen Beruf aufgeben und von einem Existenzminimum auf dem Lande leben, als unsere Kinder aufzugeben. Doch Grace denkt immer noch über die Zeiten nach, als sie ein Gehalt nach Hause brachte. Sie muß noch viel lernen, bis ihre Gefühle mit den christlichen Maßstäben übereinstimmen.

Ich sollte nicht über solche Dinge sprechen, jedenfalls nicht, bis ich mich selbst geprüft habe. Ein bekannter amerikanischer Journalist beschreibt in seinem Buch sein Leben.

Nachdem MacGrady eine ziemlich hohe Position in seinem Beruf erreicht hatte, beschloß er, mit seiner Frau den Platz zu tauschen, deren wachsendes Möbelgeschäft die Möglichkeit hatte, die Familie zu versorgen. Mike wurde Hausmann und sorgte für die drei Kinder, während Corinne der Brotverdiener wurde. Er beschreibt, wie er sich fühlte, als er zum erstenmal das Haushaltsgeld für eine Woche erhielt, um Lebensmittel und dergleichen einzukaufen: »Das ist ein sehr ungeübter Wechsel, der unangenehm ist. Ich weiß nicht, wem von uns beiden er mehr Schwierigkeiten bereitet und wer der verlegenere ist. Ich vermute aber, daß Corinne die neue Situation reibungsloser bewältigt als ich ... Es sind die leichtesten hundert Mark, die ich je bekommen habe. Aber dieser Tausch löst eigenartige Gefühle aus ... Dieses Ritual, wenn einer dem andern die Erlaubnis zum Geldausgeben gibt — das alles hat zu tun mit Unabhängigkeit, Geschenk, Belohnung, Bestrafung, Ärger. Die Gefühle dabei sind so seltsam, daß ich daran zweifle, ob man sie völlig verstehen kann, bis man diese umgedrehte Situation selbst erlebt ... Meine eigene Reaktion beim Erhalten des Geldes — an diesem ersten Tag und seither jedesmal — war nicht so, wie ich es erwartet hatte. Es ist keine angenehme Erfahrung, keineswegs. In der Tat habe ich es so gemacht, daß ich den Scheck ganz schnell an mich riß und ihn in meiner Brieftasche verstaute, um die Angelegenheit so kurz und belanglos wie möglich erscheinen zu lassen. Doch sehe und verstehe ich, daß Corinne gegensätzliche Tendenzen verfolgt. Sie bemüht sich, eine Opferzeremonie daraus zu machen und verkündigt lauthals: Heute ist Zahltag. Umständlich nimmt sie ihr Scheckheft heraus, den Stift und setzt rasant ihre Unterschrift darunter. Mit einem Kuß überreicht sie mir dann den Scheck. Ich kenne ihre Gefühle nur zu gut.«

Durch das ganze Buch hindurch kann man bei den MacGradys sehen (sie geben nicht vor, Christen zu sein), daß sie sich um ein »Unser-Geld-Konzept« bemühen, obwohl sie zuguterletzt doch noch nicht an dem Punkt eines gemeinsamen Kontos angekommen sind, außer für bestimmte Hauskosten.

Wenn beide, Sie und Ihre Frau, berufstätig sind, dann werden Sie vermutlich noch mehr in der Gefahr stehen, zu sagen: »Mein Geld gehört mir, und dein Geld gehört dir.« Und das ist eine gefährliche Angelegenheit. Wenn eine hochmotivierte, erfolgreiche Ehefrau anfängt, ein größeres Gehalt nach Hause zu bringen als Sie (was in unserer Zeit gut möglich ist), dann kann ein bedrohter Ehemann in allen Arten von traumatischen Zuständen landen.

Der Führer/Diener einer christlichen Familie ist ein Mensch, der Geld nicht als Machtmittel gebraucht. Ja, er wird sich gegen die Meinung der Gesellschaft wehren, Geld sei Macht. Vielmehr dankt er Gott für diese Gabe — wie auch für alles andere — und bemüht sich, mit seiner Frau zusammen verantwortungsbewußt damit umzugehen.

Nun zurück zur Frage: Was sollen *wir* mit *unserem* Geld tun?

Viele Veränderungen

Die größte Schwierigkeit für die meisten von uns besteht nicht darin, schlechte Antworten auf diese Frage zu geben. Vielmehr ist es so, daß wir diese Frage überhaupt nicht beantworten. Wir planen nicht — wir geben einfach aus. Und wenn wir kein Geld zum Ausgeben haben, dann sagen wir, daß wir nur zu wenig flüssiges Bargeld haben und leihen uns Geld, damit wir wieder weiter ausgeben können.

Die Geldeinteilung für eine Familie ist eine schwierigere Angelegenheit, als wir oft meinen. Viele von uns kaufen sich jedes Jahr eines der teuersten Autos und geben für alle möglichen und unmöglichen Dinge Geld aus.

Wenn Sie die Übersicht über Ihr Haushaltsbudget nicht verlieren und sich nicht nur finanzielle Probleme vom Hals halten, sondern auch das Geld als eine wirkliche Gabe Gottes genießen wollen, dann müssen Sie mit Ihrer Frau im voraus darin übereinstimmen, wie Sie das Geld ausgeben werden. Mit »Budgetierung« meint man, daß man überlegt, wieviel Geld man zur Verfügung hat und wie man es ausgibt. Wenn Sie das Wort »Budget« nicht mögen, dann nennen Sie es Einteilung oder Planung. Aber tun Sie das auch!

Fangen Sie damit an, indem Sie Ihr Monatseinkommen feststellen. Wenn Sie ein festes Gehalt bekommen, ist die Sache einfach. Wenn Sie wöchentlich bezahlt werden oder unregelmäßige Einnahmen haben, dann errechnen Sie das Jahreseinkommen und teilen Sie es durch zwölf, um das Durchschnittseinkommen eines Monats zu haben.

Berücksichtigen Sie auch all die kleinen Nebeneinnahmen, die Sie neben Ihrem normalen Gehalt bekommen. Unterrichtet Ihre Frau einige Stunden? Haben Sie noch eine Teilzeitbeschäftigung oder gelegentliche Aufgaben nebenher? Erhalten Sie Zinsen, Dividenden und dergleichen?

Es wird etwas schwieriger, wenn Ihr Einkommen unregelmäßig ist — wenn Sie zum Beispiel selbständiger Geschäftsmann sind oder Vertreter auf Provisionsbasis. Ich kenne mehr als einen solchen Ehemann, der dies als Entschuldigung nimmt, um sein Geld nicht einzuteilen. »Ich weiß nie, wann das Geld kommen wird und wie hoch der Betrag ist. So kann ich mich nur auf meinen Instinkt verlassen.«

Unsinn. Wenn große Firmen und Unternehmer ihre Einnahmen schätzen können aufgrund früherer Bilanzen, dann können Sie das auch. Sie haben Ihrem Finanzamt letztes Jahr doch auch mitteilen müssen, wieviel Sie verdient haben, oder? Nehmen Sie diese Summe, und teilen Sie sie durch zwölf. Selbst wenn Ihre Einnahmen unregelmäßig sind, können Sie vom Monatsdurchschnitt ausgehen. (Es gibt einige gute Möglichkeiten, um fällige Rechnungen mit den Einnahmen abzustimmen. Mehr darüber später.)

Bevor Sie und Ihre Frau weiter überlegen, halten Sie inne, und danken Sie Gott für seine Gabe. Denken Sie an alle die Leute auf der Welt, die viel weniger Geld als Sie erhalten. Sagen Sie Gott, wie dankbar Sie dafür sind, soviel Geld zu haben, und daß Sie es in der Verantwortung vor ihm ausgeben wollen und daß Sie seine Führung dabei haben möchten.

Entscheiden Sie als erstes, wieviel Geld Sie Gott zurückgeben wollen. In der Zeit des Alten Testamentes waren, wie Sie wissen, zehn Prozent festgesetzt. Im Neuen Testament gibt es keine solchen Anordnungen, sondern es geht um das Geben in geistlicher Freiheit, wie es in 2. Korinther 8, 7 heißt: »Gleichwie ihr aber in allen Stücken reich seid, im Glauben und im Wort und in der

Erkenntnis und in allem Fleiß und in der Liebe, die wir in euch erweckt haben, so schaffet, daß ihr auch in diesem Liebeswerk reich seid.« Ein bißchen weiter schreibt Paulus: »Ich meine aber das: Wer da kärglich sät, der wird auch kärglich ernten; und wer da sät im Segen, der wird auch ernten im Segen. Ein jeglicher nach dem Willen seines Herzens, nicht mit Unwillen oder aus Zwang; denn einen fröhlichen Geber hat Gott lieb« (2. Kor. 9, 6—7).

Während meiner Hochschulzeit begannen Grace und ich schließlich, das zu verstehen. Unsere Finanzen waren knapp bemessen, und wir hatten pflichtbewußt den Zehnten für unsere Gemeinde bestimmt. Das war eine automatische Angelegenheit, das Ergebnis jahrelanger Unterweisung. Per Dauerauftrag zahlten wir diesen Betrag ebenso regelmäßig wie unsere Stromrechnung, die Miete und die Telefongebühren.

Das brachte uns keine besondere Freude, mußten wir schließlich zugeben. Wir konnten kaum als »fröhliche Geber« bezeichnet werden. Wir taten einfach unsere christliche Pflicht, und das war alles.

Aber schließlich wurde uns klar, was das Neue Testament übers Geben sagt. Und wir fingen an, über das Wort »Geben« nachzudenken. Geben im Sinn von »Schenken« war eine großartige Erfahrung. Es war eine fröhliche, sogar gefühlvolle Sache. Es brachte manche Freude hervor.

So faßten Grace und ich einen wichtigen Beschluß. Wir lehnten den üblichen Zehnten ab. »Damit ist Schluß«, sagten wir, »stattdessen werden wir anfangen, Gott wirklich zu beschenken. Wir betrachten es jetzt als Schenken, und wir werden dabei Freude erleben.«

Als Minimum unseres Geschenks an Gott legten wir zehn Prozent unseres Einkommens fest. Niedriger wollten wir nie gehen, aber den Betrag noch steigern, wann immer wir das wollten. Um das nicht zu vergessen, begannen wir, regelmäßig am Sonntagmorgen darüber zu beten. Das Geld lag auf dem Tisch, wenn wir sagten: »Herr, hier ist ein Geschenk für dich. Wir werden es heute morgen in der Gemeinde einlegen. Du sollst wissen, wie dankbar wir dir sind.«

Vielleicht finden Sie das albern, aber ich kann Ihnen versichern, daß es unsere Gefühle beim Geben völlig verändert hat. Wir finden, daß die Dinge so ihren richtigen Platz und ihre richtige Wertschätzung bekommen.

Von den üblichen zehn Prozent sind wir längst herunter. Wir haben unterschiedliche Beträge festgelegt — entsprechend der Einteilung unseres Einkommens.

Wie immer Sie sich auch entscheiden mögen, Ihr Geld einzuteilen, geben Sie Gott immer das erste Stück aus dem großen Kuchen. Und freuen Sie sich dabei!

Wenn Sie bereits ein Budget erstellen, dann können Sie diesen Teil überspringen. Aber wenn Sie manchmal finanziell nicht zurecht kommen oder sich in einer finanziellen Krise befinden, dann lesen Sie weiter.

Bestimmte Ausgaben sind immer unvermeidlich:

Sie müssen in einer angemessenen Wohnung leben.

Wahrscheinlich müssen Sie für ein Auto aufkommen.

Vermutlich müssen Sie auch einige Versicherungen bezahlen.

Sie müssen Ihre Wohnung heizen, die Stromrechnung bezahlen, das Wassergeld, die Müllabfuhr und die Telefongebühren.

Und etwas werden Sie auf ein Sparkonto zurücklegen oder für andere Investitionen. (Nein? Nun, Sie haben eine Menge Predigten darüber gehört, wie nützlich das Sparen ist und daß es niemals einfacher wird. Darum beginnen Sie jetzt damit. Und machen Sie es zu einer automatischen Einrichtung!)

Möglicherweise müssen Sie auch noch Steuern einkalkulieren, die Ihnen vielleicht nicht gleich vom Gehalt abgezogen werden.

Vielleicht bezahlen Sie für ein Familienglied einen Unterricht.

Das alles nennt man *Fixkosten*. Es nützt nichts, sich darüber aufzuregen. Die gleichen Kosten kehren trotzdem regelmäßig wieder (ausgenommen die Heizungskosten, für die Sie einen monatlichen Durchschnitt errechnen können, ebenso für Ferngespräche, für die Sie sich selbst eine Summe festlegen müssen, die Sie nicht überschreiten wollen). Schreiben Sie all diese Beträge auf. Sie bilden einen großen Teil Ihrer Ausgabe.

Das übrige Geld wird für die *flexiblen Kosten* verwendet: für Lebensmittel, Wohnungseinrichtung, Instandhaltung, Restaurants, Kleidung, Wäscherei und Reinigung, Benzin, Autoreparaturen, Zoll, Parkgebühren, Fahrgeld, Friseur, Schönheitssalon, Drogerie und Apotheke, Porti, Zeitschriften, Bücher, Schallplatten und Tonbänder, »ein Ausgehabend«, Sport, Babysitter, Geschenke — und noch manches mehr. Eine ganze Menge! Hoffentlich können Sie nicht noch mehr Kategorien aufzählen!

Wie kann man darüber Buch führen?

Wenn Sie sich darüber bisher keine Rechenschaft gegeben haben, dann wissen Sie gar nicht, wieviel Sie dafür ausgeben. Dann müssen Sie es zunächst einmal abschätzen. Nach etwa drei Monaten können Sie Ihre Einteilung korrigieren. Darum tragen Sie alles in ein Kassenbuch ein.

Je sorgfältiger Sie dieses Buch führen, desto besser können Sie erkennen, wo Ihr Geld bleibt. Und um so besser können Sie auch Ihr Geld einteilen.

Nun haben Sie die Aufgabe, Ihre Ausgaben zusammenzuzählen — Ihre Gaben an den Herrn, Ihre fixen Kosten und Ihre flexiblen Kosten —, und dabei stellen Sie fest, wie weit Sie Ihr monatliches Einkommen überschritten haben. An diesem Punkt können Sie es sich *nicht* leisten, zu sagen: »Nun gut, irgendwie wird es schon klappen.« Nein, das funktioniert nicht. In Wirklichkeit werden die Ausgaben vermutlich noch ein bißchen höher sein, als Sie erwartet haben, denn zweifellos haben Sie einige regelmäßige Ausgaben vergessen. Dazu werden einige unerwartete Ausgaben kommen — vielleicht eine teure Autoreparatur. Dann haben Sie keine andere Wahl, als Ihre Ausgaben herunterzuschrauben auf die Höhe Ihres Einkommens oder sogar noch darunter. Wenn Gott Ihnen ein Gehalt von monatlich DM 2 000,— gibt, dann können Sie nicht mit DM 2 200,— oder DM 2 500,— kalkulieren. Sorgen Sie dafür, daß Ihr Budget stimmt, ganz gleich, wie schmerzlich das für Sie sein mag.

Mit Sicherheit wird Sie ein gutes Gefühl überkommen, wenn Ihre Kalkulation aufgeht und Ihre Ausgaben die Einnahmen nicht übertreffen. Sie werden sich nicht mehr *fragen* müssen, ob Sie nun Geld ausgeben können oder nicht. Sie *wissen*, ob Sie sich eine Sache oder ein Ereignis leisten können. Eines meiner angenehmsten Gefühle war, Grace zum Essen auszuführen, selbst als etliche Bereiche unseres Budgets uns Sorge bereiteten. Jedoch hatten wir eine bestimmte Summe für erholsame Mahlzeiten im Restaurant festgelegt, und so konnten wir guten Gewissens das Essen genießen.

Sie und Ihre Frau sind nicht fertig mit der Geldplanung, solange Sie nicht beide auf die Posten schauen können und sagen: »So ist es gut. Ich bin bereit, das Meinige zu tun, damit der Plan verwirklicht wird.« Solange einer von Ihnen noch nicht so ganz einverstanden ist, müssen Sie offen darüber sprechen und weiter überlegen und weiter kalkulieren. Schreiben Sie dann alles fein säuberlich ab, und bewahren Sie das Blatt da auf, wo Sie beide darauf nachsehen können, so oft Sie wollen.

Wie man eine Geldplanung einhält

Nun haben Sie eine theoretische Einteilung gemacht, die Sie in die Praxis umsetzen wollen. Aber wie? Natürlich können Sie nicht alles im Kopf behalten, was Sie ausgeben. Deshalb müssen Sie und Ihre Frau sich versprechen, alles sofort ins Haushaltsbuch einzutragen. Nun werden Sie zum ersten Mal wissen, wo Ihr Geld geblieben ist. Hier steht es schwarz auf weiß.

Es kostet viel Disziplin, alles aufzuschreiben, was man ausgibt. Aber es lohnt sich. So müssen Sie sich zweimal mit den Ausgaben befassen — einmal, wenn Sie das Geld aufschreiben, zum anderen, wenn Sie den Betrag eintragen. Grace und ich haben die Erfahrung gemacht, daß dies uns etwas bremst und wir dadurch nicht ganz so schnell unser Geld ausgeben. (Einmal hatten wir keine Lust mehr, weiter die Ausgaben aufzuschreiben. Schließlich waren wir erwachsen und mußten nicht so kleinlich sein. Aber innerhalb von *vier Monaten* befanden wir uns in einer starken Finanzkrise und hatten keine Ahnung, wie und warum das gekommen war. Da hatten wir nur den einen Wunsch, schnell wieder Buch zu führen.)

Der andere Vorteil dieses Vorgehens liegt darin, daß es das klassische Problem löst, wer der Buchhalter der Familie sein soll. Wenn einer von Ihnen die ganze Schreibarbeit macht, kann der andere den Eindruck erhalten, er würde überall überprüft. Aber wenn Ihr Haushaltsbuch an irgendeinem gut sichtbaren Ort liegt, so daß beide gleich alles eintragen können, was sie ausgegeben haben, dann braucht keiner von Ihnen die Rolle des Kassenprüfers zu spielen. Genauso können beide Schecks ausstellen, Daueraufträge erteilen, Rechnungen bezahlen, wenn Sie diese Dinge vorher gründlich abgesprochen haben.

Ein weiterer Vorschlag, um die Übersicht über die Finanzen zu behalten: Schaffen Sie sich eine Metallkassette an, in der Sie alle Papiere, die mit dem Haushalt zu tun haben, aufheben. In dieser Kassette sind einige Unterteilungen, die eine gute Ordnung ermöglichen: In einem Fach liegen die unbezahlten Rechnungen, in einem anderen Sachen mit dem Vermerk »Abwarten«, in einem anderen »bezahlte Rechnungen« und »Quittungen« oder »Postabschnitte«. Das Scheckheft ist ganz vorne. So haben Sie immer Ordnung. Und für den Fall, daß ein Feuer ausbrechen würde, brauchten Sie nur diese große Metallkassette zu nehmen, und Sie hätten das Wichtigste dabei.

Meine Auto- und Lebensversicherung zahle ich in der Weihnachtszeit, da ich sie dann vom Weihnachtsgeld begleichen kann. So spüre ich diese Beträge das ganze Jahr hindurch nicht. Die monatlichen Ausgaben bleiben davon unberührt. Wenn Sie zu bestimmten Zeiten im Jahr »reicher« sind, dann legen Sie Ihre besonders hohen Ausgaben in diese Zeiten.

Für uns ist es ein ungeschriebenes Gesetz, *daß wir das Geld erst dann ausgeben, wenn wir es wirklich haben, nicht vorher! Wir nehmen keinen Vorschuß!* Viele von uns lachen über die Kinder, die hin und her springen und sagen, sie könnten nicht bis Weihnachten warten. Oder sie bestrafen die Kinder, wenn sie eine halbe Stunde vor dem Essen Süßigkeiten naschen. Aber wenn es ums Geld geht, dann machen es viele oft ganz genauso. *Wir können einfach nicht warten,* bis wir das Geld wirklich in Händen haben. Wir wissen, daß wir es bald wieder erhalten werden, und so geben wir es schon im voraus aus. Dann wird es nicht mehr lange dauern, und wir geben das Geld aus, ohne danach zu fragen, wann es auf dem Konto sein wird — doch auf diesem Wege liegen ganz viele Probleme.

Die gefährlichste Form, das Konto zu überziehen, geschieht per Scheck. Ich habe bewiesen, daß ich mit den Benzinkosten, die ich per Scheck bezahle, innerhalb des Budgets bleiben kann. Die monatlichen Ausgaben sind ziemlich konstant. Aber wenn wir per Scheck Kleidung einkauften, wäre das Ergebnis eine Katastrophe.

Grace und ich denken immer noch mit Mißbehagen an jene Situation, als uns eine Enzyklopädie zu einem Sonderpreis angeboten wurde durch einen geschäftstüchtigen Vertreter. Dieser Sonderpreis galt nur für eine Woche lang. Wir sagten uns, daß unsere Kinder später eine Enzyklopädie für die Schule brauchten, aber das war falsch. Wir redeten uns alles Mögliche ein und verwendeten schließlich das Geld einer Lebensversicherungsdividende für diese Bücher.

Wenn Nathan und die Zwillinge alt genug sein werden, um diese Enzyklopädie zu benutzen, wird sie schon zehn Jahre überholt sein. Das Schlimme an der Sache ist, daß ich an jenem Abend *wußte,* daß wir zu dem Zeitpunkt kein solches Nachschlagewerk brauchten, aber ich brachte den Mut nicht auf, das zum Ausdruck zu bringen und den Vertreter einfach wegzuschicken.

Ein Gelegenheitskauf ist kein Gelegenheitskauf, wenn Sie den Gegenstand nicht wirklich brauchen.

Vom Ehemann wird in punkto Budget am meisten Reife in

bezug auf das Auto verlangt. In den meisten Familien sind die Autoausgaben die Angelegenheit des Mannes wie die Lebensmittel die der Frau: der eine weiß von den Kosten und Notwendigkeiten des anderen so gut wie gar nichts. Nachdem Sie eine Autoreparatur von DM 150,— bezahlt haben, können Sie ihr mit Fachausdrücken davon erzählen — und sie wird Sie hilflos anschauen. Sie weiß nicht, wovon Sie reden, und kann nicht beurteilen, ob diese Reparatur nötig war oder nicht.

Aber sie weiß, daß Sie schon wieder DM 150,— für das Auto bezahlt haben — und das verletzt sie, und es spielt keine Rolle, ob es eine unvermeidliche Ausgabe war oder nicht.

Unser Kassenbuch zeigt, daß ich in den letzten drei Jahren jedes Jahr 16 Prozent weniger fürs Auto ausgegeben habe für Benzin, Öl, Reparaturen, Zahlungen, Versicherungen, Gebühren usw. In der gleichen Zeit stiegen Graces Ausgaben für Lebensmittel nicht mehr als 13 Prozent. Diese beiden Rubriken, zusammen mit den Kosten für die Wohnung und Heizung, sowie unsere Spenden für den Herrn bilden die vier großen Posten unseres Budgets. Alle anderen Ausgaben sind im Vergleich gering.

Grace und meinen Kindern gegenüber bin ich verantwortlich, mein Auto in Ordnung zu halten, selbst wenn sie nicht meine Entscheidungen beurteilen können. Das bedeutet in erster Linie, ein verläßliches, preisgünstiges Auto zu kaufen, eine gute und ehrliche Werkstatt zu finden (was gar nicht immer einfach ist, weil man oft hereingelegt wird). Es bedeutet auch, immer rechtzeitig den Ölwechsel und die Inspektion machen zu lassen.

Ich habe für mich gelernt, daß es nicht nur ums Geld geht. Es bedeutet, daß ich allgemein im Blick auf mein Auto Selbstkontrolle übe, daß ich das Auto als ein Fortbewegungsmittel betrachte und nicht als ein Mittel zur Selbstbestätigung. Ich muß den Mythos durchschauen, Autos wären eine Kapitalanlage. Das sind sie *nicht*. Sie bringen keine Zinsen. Autos kosten Geld — sehr viel sogar. Manche können zwar teurer wiederverkauft werden, aber nie für den Betrag, den wir zuerst dafür ausgegeben haben.

Wie man ein Budget revidiert

Es ist klar, daß Sie bei jeder Gehaltserhöhung auch eine neue Finanzplanung machen. Aber es gibt auch noch andere Gründe. Vielleicht verändern sich Ihre Ausgaben — ein Sohn oder eine

Tochter beginnt zum Beispiel mit dem Studium. Vielleicht ändern sich Ihre langfristigen Ziele. Zu einem bestimmten Zeitpunkt unserer Ehe beschlossen Grace und ich, das Geld, was sie durch Unterrichten verdiente, nicht mehr für die Stereoanlage oder das Schlafzimmer und dergleichen zu verwenden, sondern dieses Geld zu sparen, um ein Haus kaufen zu können. Wir wußten, daß wir irgendwann nur noch von einem Gehalt würden leben müssen. Warum sollten wir nicht jetzt damit anfangen?

Es war für uns eine schwierige Umstellung. Scherzhalber nannten wir die Tage unserer Jugend die Zeit der Spannkraft. Nun begannen wir die Zeit der Härte. (Um Ihnen die Wahrheit zu sagen — ich finde, wir befinden uns seither in der Härtezeit.) Unsere Ziele hatten sich verändert — und so auch die Einteilung des Geldes.

Ferner muß das Budget revidiert werden, wenn es nicht funktioniert. Sie haben vielleicht nicht genug Geld eingeplant für Instandhaltung, Geschenke, Ausgehabende usw. — und Sie fühlen sich deshalb total frustriert. Es ist nicht so, daß Sie unwillig wären, sich an Ihre Einteilung zu halten, aber sie spüren, daß das einfach nicht klappt. Dann müssen Sie es ändern. Stellen Sie sich dem Problem. Beißen Sie nicht die Zähne zusammen. Nehmen Sie einiges von den anderen Beträgen. Oder versuchen Sie, mehr zu verdienen. Natürlich müssen Sie versuchen, die Balance in den grundsätzlichen Ausgaben und Einnahmen zu halten, aber wenn Sie sich in einer untragbaren Situation befinden, dann setzen Sie sich mit Ihrer Frau zusammen, und schauen Sie sich gut und gründlich die Prioritäten in Ihrem Budget an.

Was tut man, wenn das Geld nicht reicht?

Trotz all Ihrer Vorsicht und Disziplin wird es Zeiten geben, wo Sie — oder Ihre Frau — einfach zuviel ausgeben.

Nun gut, das ist noch nicht das Ende der Welt. Schließlich sind manche Dinge im Leben wichtiger als Geld. Glaube zum Beispiel. Erinnern Sie sich, daß es ebenso *ihr* Geld ist wie das Ihrige, was Sie da unüberlegt ausgegeben oder gar verschwendet haben? So lassen Sie sie nicht im Dunkeln tappen. Erzählen Sie ihr, was Sie gemacht haben und wie Sie sich jetzt fühlen . . . und seien Sie nicht überrascht, wenn eine solche Situation Sie einander näher bringt. Der nächste Monat wird dann eben etwas schwierig, aber

Sie werden das Problem gemeinsam lösen können. Durch solchen gemeinsamen Kummer vertieft sich die Liebe und das Vertrauen zueinander.

Die Heilige Schrift gibt in 1. Tim. 6, 17 folgende Anweisung: »Den Reichen in dieser Welt (z. B. den meisten von uns Amerikanern verglichen mit dem Rest der Welt) gebiete, daß sie nicht stolz seien, auch nicht hoffen auf den ungewissen Reichtum, sondern auf Gott, der uns alles reichlich darbietet, es zu genießen.«

Ihre Familie ebenso wie meine brauchen einen Führer mit dieser Zielsetzung.

5. Ein Herr, eine Herrin und zwei Sklaven

Nachdem wir uns mit dem Mangel an Geld befaßt haben, wenden wir uns zwei weiteren Mängeln zu: Zeit und Kraft. Auch sie können eine Menge Spannung erzeugen.

Zeit und Kraft sind ebenso Gaben Gottes wie Geld. Besonders *uneingeschränkte* Zeit und Kraft — das, was übrig bleibt, nachdem wir unsere Arbeit getan, geschlafen und gegessen haben. Die Frage mag wieder gestellt werden:

Was sollen *wir* (Ehemann und Ehefrau) mit *unserer* Zeit und Kraft tun?

Das klingt völlig offen, nicht wahr? Aber Tatsache ist, daß uns Gesellschaft und Tradition ziemlich gründlich auf eine Menge von Antworten programmiert haben. Ehemänner tun bestimmte Dinge im Haus. Ehefrauen tun bestimmte Dinge im Haus. Jeder hat seinen/ihren »Platz«.

Wie gültig sind diese Traditionen, die uns bestimmen? Bevor Sie weiterlesen, nehmen Sie sich einen Stift, und streichen Sie auf der Liste das an, was auf Sie zutrifft, auf Sie, wie man das von der Gesellschaft als Ihre Aufgabe sieht, nicht, wie es normalerweise in Ihrem Haus geschieht.

	Grundsätzlich Aufgabe des Mannes	Grundsätzlich Aufgabe der Frau	Spielt keine Rolle
1. Öffnen der Konserven	—	—	—
2. Kinder kriegen	—	—	—
3. Auto in die Werkstatt bringen	—	—	—
4. Windeln wechseln	—	—	—
5. Rasen mähen	—	—	—
6. Staubsaugen	—	—	—
7. Auto entrosten	—	—	—
8. Küchenboden wischen	—	—	—
9. Tapezieren	—	—	—
10. Kinder ins Bett bringen	—	—	—

Die Emanzipationsbewegung der Frauen zwingt uns zweimal, über diese Dinge nachzudenken. Die Folge ist, daß immer mehr Bereiche unter die Rubrik »Spielt keine Rolle« fallen.

Aufgaben, die mit der grundsätzlichen Verschiedenheit der Anatomie zu tun haben, bleiben selbstverständlich davon unberührt — wie zum Beispiel das Kinderkriegen. Daran läßt sich nichts ändern. Man hat herausgefunden, daß Männer im Blick auf physische Kraft fünfzig Prozent stärker sind als Frauen. Auch das wird sich nicht ändern. Doch hat man bei Frauen herausgefunden, daß sie eher in der Lage sind, extreme Hitze auszuhalten.

Aber wenn es um die Mehrzahl der Aufgaben geht, die nichts mit der Anatomie zu tun haben, dann kann man sich um vieles streiten. Einige von uns freuen sich über die kürzlichen Aufwertungen. Andere fühlen sich dadurch gestört. Noch andere sind besorgt, daß letztendlich das Ziel besteht, völlig die Unterschiede zu beheben und eine Unisex-Welt zu schaffen. Viele von uns sind irritiert durch die neuen Definitionen von Männlichkeit und Weiblichkeit und wissen nicht, ob das Fortschritte oder Rückschritte sind.

Und während wir generell über den Stand der Gesellschaft philosophieren, übersehen wir das Naheliegendste: unsere eigene Familie. Es ist viel leichter, Alice Schwarzer und Esther Vilar zu kritisieren sowie alle Bestrebungen zur völligen Gleichberechtigung, als sich um das zu kümmern, was unter unserem eigenen Dach geschieht.

Wir sollten das ebenso berücksichtigen: Es kostet eine Menge Mühe, einen Haushalt zu führen. Die Arbeit außerhalb des Hauses wird bezahlt, aber im Grunde macht sich auch die Arbeit im Haus bezahlt. Es ist nicht immer Arbeit, die Spaß macht. Manches ist wirkliche Plackerei. Dienstarbeit. Wer soll das machen?

Die Tradition sagt: »Wenn es sich um die Küche, Waschküche, das Badezimmer, Schlafzimmer und sonstige Lebensbereiche handelt, dann ist das Sache der Frau. Wenn es sich aber um Dinge wie Garage, Keller und Garten handelt, dann ist das Sache des Mannes.

Nun mögen Sie diese Tradition mehr oder weniger geändert haben. Ihre Frau und Sie haben vielleicht nicht dieselben Traditionen in die Ehe mitgebracht. Graces Vater war Pfarrer und früher im Vorstand seiner Kirche in führender Position. Mit großer Begeisterung saugte er die Wohnung und kaufte die Lebensmittel ein. Ich kann mich nicht erinnern, daß mein Vater das eine oder andere je getan hat, es sei denn unter außergewöhnlichen Umständen. So ist es nur natürlich, daß ich nie daran dachte, freiwillig zu saugen oder einzukaufen, obwohl Grace das selbst nach elf

Ehejahren aus Gewohnheit immer noch mehr oder weniger von mir erwartet.

Aber das sind eigentlich unbedeutende Dinge im gesamten Rollenverständnis von Mann und Frau. Niemand von uns ist frei davon. Mike McGrady, der Zeitungsmann, von dem wir im letzten Kapitel berichteten, der ein Jahr die Rolle mit seiner Frau getauscht hatte, stellte eines Abends ganz deutlich folgendes fest, als er Wäsche bügelte, während seine Kinder vor dem Fernseher saßen: »In meinem Leben habe ich selten Niederschlagenderes erlebt, als diese Erfahrung, die Kleidungstücke meiner Tochter zu bügeln und dabei Bob Hope und dem Schauspieler Burt Reynolds zuzuhören, wie sie kleine Späße machten über die Affäre des Schauspielers mit einer älteren Frau. Aber auch ohne die Fernsehsendung wäre die ganze Sache so niederschmetternd gewesen. Jede Arbeit, die aus einer ständigen Wiederholung der gleichen Handlungen besteht, wirkt langweilig und geisttötend. Kein Arbeiter am Fließband füllt seine Zeit mit mehr stupiden Tätigkeiten aus als eine Durchschnittshausfrau.«

Zugegeben, das Leben in MacGradys Zeitungsbüro war nicht immer ein Vergnügen gewesen. Es hatte unmögliche Leute gegeben und Maschinen, die nicht richtig funktionierten, und all der übliche Ärger an einer normalen Arbeitsstelle. Aber trotz der Hindernisse gab es doch bedeutsame und lohnende Ziele. Die Mühe wurde anerkannt.

Mikes Frau Corinne besaß beachtenswerte Talente. Nichtsdestoweniger hatte sie beinahe vom Beginn ihrer Ehe an »das Weibchen gespielt. Das heißt, sie blieb zu Hause bei den Kindern, putzte und kochte. Rückblickend scheint es unglaublich, daß das für sie zur Routine wurde und sie sich darüber nie beklagte ... Da sie eine begabte und kreative Künstlerin war, versuchte sie gar nicht, ihre Geschicklichkeit ihrem neuen Leben als Hausfrau zu widmen. Das war ein bißchen zu vergleichen mit dem Atomphysiker, der seine Talente restlos für Straßenfegen verwenden würde. Sie tat ihre täglichen Aufgaben gut, sehr gut sogar, aber wer kann den Preis dafür ermessen? Nicht nur der Preis an Jahren — denn diese hätten ihre produktivsten Jahre sein können —, sondern den Preis an geistiger Bereicherung. Es gab harte, rauhe Zeiten, Zeiten, in denen sie mitten in der Nacht die Familie und das Haus verließ, sich ins Auto setzte und stundenlang die Küste entlang fuhr. Es gab andere Zeiten, wo ihr Geduldsfaden dem Zerreißen nahe war und wo der normalerweise schöne Klang der

Stimme sich veränderte zu so etwas, wie man es in einem kitschigen Horrorfilm erleben kann.«

Aus dem Wunsch heraus, diese Situation zu ändern, entstand bei den MacGradys das Experiment mit dem Rollentausch.

Die Frage für uns Ehemänner lautet nicht, ob unsere Frauen bereit sind, die Diener unserer Familie zu sein. Die Frage lautet, ob *wir* dazu bereit sind. Hier verweise ich nochmals auf das zweite Kapitel in diesem Buch. *Sind wir wirklich bereit, Tag für Tag die Diener unserer Familie zu sein?* Es gibt so unendlich viele Aufgaben in einer Familie, für die viel menschliche Zeit und menschliche Kraft notwendig ist, trotz moderner, technischer Einrichtungen. Wessen Zeit und Kraft soll dafür besonders eingesetzt werden?

Wenn Sie wirklich von der Idee eines gemeinsamen Lebens überzeugt sind und wenn Sie entschlossen sind, in der Verantwortung vor Gott der Führer/Diener in diesem gemeinsamen Leben zu sein, dann wird die praktische Folge sein, daß Sie sich die Arbeit mit ihrer Frau teilen (und Ihren Kindern, wenn sie dazu schon fähig sind). Die Arbeit, die Spaß macht. Und die Plakkerei. Und Sie teilen auch Ihre Freizeit miteinander, wenn die Arbeit getan ist. Was auch immer geschieht, ob Sie sich freuen oder ärgern, Sie erleben es zusammen.

Hier sind noch einige Dinge, an die Sie denken sollten:

Sie ist nicht dumm

Ihre Frau hat ein Gehirn. Sie hat etliche Jahre in der Schule verbracht, um ihren Verstand zu bilden. Sie hat vermutlich genauso lange wie Sie gelebt — oder vielleicht sogar noch länger. Sie ist kein dummes Kind.

Und ihr Verstand ist wahrscheinlich genauso beweglich und aufnahmefähig wie Ihrer. Es ist deshalb völlig unangebracht, wenn jemand sagt, sie begreife oder verstehe dieses oder jenes nicht.

Harold und Jeannette Myra sind gute Freunde von uns. Eines Abends im Januar waren wir vier zusammen bei ihnen. Die Temperatur war den ganzen Tag nicht über Null Grad gestiegen. An die Einzelheiten kann ich mich nicht mehr genau erinnern, aber aus irgendeinem Grunde hatte eines ihrer Autos seit dem Vortag irgendwo draußen gestanden. Jeanette bat: »Würde es euch etwas ausmachen, mich das Stück bis dahin mitzunehmen, damit ich dort aussteigen und das Auto zurückfahren kann?«

»Klar nehmen wir dich mit«, sagte ich. Aber dann machte ich einen schrecklichen Fehler. Ich dachte nicht daran, daß Jeanette die Tochter eines Farmes ist. »Möchtest du nicht, daß Harold mitkommt, um den Motor ans Laufen zu bringen?« fragte ich. Sie schaute mich an, als ob ich bezweifelt hätte, daß sie einen guten Kaffee kochen konnte.

»Wozu brauche ich dafür Harold?« schoß sie zurück. »Wenn ich den Wagen nicht ans Laufen kriege, schafft auch Harold das nicht!« Harold stimmte dem pflichtgemäß zu —, und ich entschuldigte mich pflichtgemäß. Und dann nahmen wir sie mit auf den dunklen, eisigen Parkplatz. Sie sprang ins Auto, drehte den Zündschlüssel, ließ den Motor an und fuhr sofort weg, als ob es nur ihres Vaters alter Traktor wäre.

Es gibt keinen biologischen Grund, weshalb Frauen nicht die technische Seite des Lebens berühren dürften. Es gibt auch keinen Grund, die Ehefrau von Aufgaben in der Politik, der Volkswirtschaft, Rechtswissenschaft, Theologie, Massenkommunikation, internationalen Beziehungen und anderen angeblich männlichen Bereichen fernzuhalten. In der Tat ist es ein Verbrechen, wenn man so verfährt. Das bedeutet eine Ablehnung einer Gabe oder Fähigkeit, die Gott einem Menschen schenkte.

Sie sind nicht bevorzugt

Solange in bestimmter Hinsicht — ob ausgesprochen oder unausgesprochen — bei Ihnen das Verständnis besteht, daß es unter Ihrer Würde ist, gewisse Arbeiten zu verrichten, sind Sie kein echter Diener. Es ist manchmal schwer einzusehen, wo noch Privilegien vorhanden sind. Die Traditionen sind so stark. Sie werden nicht ans Licht kommen, es sei denn, Sie bringen den Mut auf, Ihre Frau ganz direkt zu fragen: »Gibt es einige Dinge, von denen du ›einfach weißt‹, daß du mich nicht darum bitten könntest? Auf welche Weise spiele ich noch die Rolle des großen Mannes, ohne mir dessen bewußt zu sein?« Sie wird es Ihnen sagen!

Ich glaube, jeder Vater, der zum ersten Mal seinem Kind die Windeln wechselt, hat sich dabei sehr unbeholfen angestellt. Ich denke manchmal darüber nach, daß jemand, der sich in der Technik bestens auskennt, nicht weiß, wie er mit einem solchen Stück

Stoff, wie es eine Windel ist, den kleinen, winzigen, runden Po eines Babys einpacken kann.

Und natürlich ist der Geruch und der Schmutz beim Windelnwechseln nicht gerade angenehm. Besonders am Anfang, wenn man sich noch nicht richtig daran gewöhnt hat.

Aber eigentlich dürfte ein erwachsener Mann keine Angst haben, sich die Hände schmutzig zu machen! Das lernt man doch schon als Teenager, wenn man in den Ferien arbeiten geht — man macht eine Arbeit und muß hinterher saubermachen. Immer noch denke ich an jenen bestimmten Hühnerkorb auf der Farm einer bestimmten Witwe, wo ich als Student diese Lektion lernen mußte. Wir wohnten noch nicht lang an jenem Ort, als diese Frau mich bat, ihr einen halben Samstag zu helfen. Mit Mistgabel und Schaufel sollte ich eine 20 cm dicke Schicht Mist untergraben. Nun, ich überlebte das. Vermutlich haben Sie eine ähnliche Situation aus Ihrem Leben zu berichten. Was ist also so schlimm an Windeln?

Es ist mir klar, daß nicht alle Leser dieses Buches Kinder haben — und bei einigen sind sie längst aus den Windeln heraus. Ich gebrauche das auch nur als eine Illustration für die Motivation zum Dienen — aus der Praxis für Ehemänner.

Suchen Sie ein Bedürfnis, und befriedigen Sie es!

Je mehr wir immer wieder unsere männlichen und weiblichen Rollen in unserer westlichen Welt unter die Lupe nehmen, und je mehr wir die alten Stereotypen in Frage stellen, desto mehr begegnen wir der Notwendigkeit einer neuen Ordnung. Einige Ehepaare schließen einen Ehevertrag ab, in dem sie genau präzisieren, wofür jeder bezahlen soll und wer wofür verantwortlich ist — gerade auch für die wenigen angenehmen Bereiche des Familienlebens. Es steht dann alles schwarz auf weiß da. Unter Umständen wird ein solcher Vertrag nach einiger Zeit verändert bzw. neu geschrieben.

Früher hat man über diese Dinge nicht geredet. Man ist stillschweigend davon ausgegangen, daß die Rollen klar sind. Vielleicht ist dieser neue Versuch, mittels eines Schriftstücks die Rollen zu klären, besser. Doch ich glaube, daß wir Christen noch einen besseren Weg haben. Wenn wir wirklich wollen, dann können wir ein Miniaturkönigreich Gottes hier auf dieser Erde schaffen, ein Reich der Liebe in unserer eigenen Familie. Anstatt daß wir uns Gedanken darüber machen, wie wir unser Ego am besten schützen können, anstatt daß wir darüber wachen, daß keine unserer Rechte verletzt werden — können wir unsere Rechte und unser Leben einander schenken. Das Resultat ist ein *uneingeschränkter Dienst* füreinander — beide, Mann und Frau, tun gerade das, was im Augenblick getan werden muß. Ob einem Kind die Nase geputzt oder im Blumenbeet das Unkraut gejätet werden muß, spielt überhaupt keine Rolle. Die Verpflichtungen sind nicht vertraglich festgelegt. Es gibt Zeiten — nicht so viele, wie ich gerne möchte —, wenn Grace und ich als Team wirkungsvoll zusammenarbeiten. Wenn wir von einem Abendgottesdienst nach Hause kommen, müssen drei kleine Kinder gefüttert und zu Bett gebracht werden. Dann treten wir beide schnell in Aktion. Wir reden dabei kaum miteinander, weil wir genau wissen, was wir tun und in welcher Reihenfolge wir vorgehen müssen. Etwa zwanzig Minuten später, wenn alle drei in ihren Betten liegen und das Licht gelöscht ist, treffen wir uns im Wohnzimmer, seufzen und fragen einander: »Wie geht es dir?« Unsere Arbeit ist getan. Bemerken Sie: *unsere* Arbeit! Und nun haben wir Zeit, den Feierabend ohne Kinder zu genießen.

Ich meine nicht, daß man alles instinktiv richtig machen kann. Manche Bereiche sind so kompliziert — zum Beispiel der Speiseplan —, daß es einen Planer braucht. Einer muß das als seine Verantwortung annehmen und es mehr oder weniger alleine bewältigen. Aber es gibt kaum so viele solcher Verantwortungen, wie wir oft meinen. Das aufmerksame Ehepaar kann in den meisten Fällen gemeinsam die Aufgaben erfüllen und so die Last teilen und die Liebe vertiefen.

So sagt es Ambrose Bierce, ein lang verstorbener amerikanischer Journalist: »Ehe ist eine Gemeinschaft, bestehend aus einem Herrn, einer Herrin und zwei Sklaven. Insgesamt macht das zwei.«

6. Es ist ein Beruf

Dieses ist nicht ein Buch darüber, wie man Erfolg im Beruf hat — mit oder ohne Anstrengung. Das wäre eine Wissenschaft für sich.

Aber es ist unmöglich, über den Beruf »Ehemann« zu reden, ohne sich darüber klar zu werden, was wir sonst noch für Arbeiten zu bewältigen haben. Schließlich besteht mehr als die Hälfte unserer Zeit, die wir wach sind, aus unserer Arbeit, vor allem, wenn wir die Arbeit dazurechnen, die wir von unserer Firma mit nach Hause bringen, um sie abends noch zu erledigen, die Zeit, die wir mit Gedanken über unsere Arbeit füllen.

Davon wird also ein großer Teil unseres Lebens bestimmt. Kein Wunder, daß Männer häufiger mit ihrem Beruf identifiziert und kategorisiert werden als mit irgendeinem anderen Kennzeichen. In der Gesellschaft führen wir schnell ein kurzes Gespräch, indem wir fragen: »Und was machen Sie?« Wir erwarten eine Antwort etwa in der Art: »Ich bin Elektriker (oder Vertreter oder Geschäftsführer oder sonst etwas).« Wir wären sehr überrascht, wenn er stattdessen antwortete: »Ich bin ein wißbegieriger Leser« oder »Ich bin Trainer in einem kleinen Verein« oder »Ich bin ein Ehemann«.

Es gibt natürlich viele gute Gründe, weshalb die berufliche Tätigkeit überwiegt. Wir essen gerne. Seit unserer Kindheit sind wir darauf programmiert worden, erwachsen zu werden, um dann eine gute Anstellung zu finden. Was gibt es denn sonst noch den ganzen Tag über zu tun? Jeder erwartet, daß ein Ehemann gegen Bezahlung arbeitet. Das ist ein Teil unserer Verantwortung. Sogar die Heilige Schrift sagt: »Wenn aber jemand die Seinen, sonderlich seine Hausgenossen, nicht versorgt, der hat den Glauben verleugnet und ist ärger als ein Heide« (1. Tim. 5, 8).

Viele von uns arbeiten auch noch aus einem weiteren Grund: Wegen der Herausforderung durch die Arbeit. Wir hatten das Glück, eine interessante Arbeit zu finden, wo wir uns voll einsetzen können, und die uns Gelegenheiten zum Kämpfen und Siegen gibt. Der Beweis für Erfolg mag verschiedenartig aussehen: die Gratifikation am Ende des Jahres; oder die Anzahl der Studenten, die dank unserer Hilfe ihre Prüfung bestanden haben; oder das Spielergebnis im Stadion am Ende eines Spieles. Es ist für uns psychologisch gesehen eine Belohnung zu erfahren, was wir alles erreichen können — abgesehen von der Bezahlung.

Nicht alle von uns haben solch eine herausfordernde Tätigkeit. Einige langweilen sich schrecklich. Entweder gibt es keine freien Stellen in unserem Wunschberuf, oder wir sind nicht qualifiziert genug für eine Beförderung oder für einen Wechsel. Die einzige Belohnung ist das Gehalt.

Selbst eine langweilige Tätigkeit ist immer noch besser, als arbeitslos zu sein. Manche von uns kennen den Kummer und den inneren Schmerz, wenn man keine Stelle hat. Für Männer bedeutet das oft einen großen Knick in ihrem Selbstbewußtsein.

Unsere Frauen stehen in ähnlichen Situationen, wenn sie berufstätig sind. Entweder fühlen sie sich durch ihre Arbeit herausgefordert und setzen sich gerne ein — oder sie langweilen sich. Ob nun die Ehefrau arbeitet, um den Lebensstandard anzuheben oder damit ihr Leben abwechslungsreicher wird, in jedem Fall ist sie letztlich immer die Leidtragende.

Deshalb muß sich jedes Ehepaar fragen, ob die Berufstätigkeit der Ehefrau auf die Länge gesehen der Familie hilft oder ihr schadet. Das Neue Testament gibt den Frauen die Anweisung »den Haushalt zu führen« (1. Tim. 5, 14) und »gute Hausfrauen zu sein« (Tit. 2,5). Wenn nun aber die Ehe kinderlos ist oder die Kinder tagsüber in der Schule sind, ist die Frau in der Lage, noch eine ihr angemessene Arbeit außer Haus zu tun. Dank moderner Haushaltsgeräte spart sie heute viele Stunden im Haushalt ein. Was die Frau nun mit dieser gewonnenen Zeit anfängt, hängt von der christlichen Einstellung ab. Sicherlich ist der Herr glücklicher über eine Ehefrau, die ihre freie Zeit mit produktiver, bezahlter Arbeit oder mit ehrenamtlichen Aufgaben ausfüllt, als wenn sie sich zu Hause langweilt.

Ob eine Ehefrau berufstätig ist oder nicht, die Arbeit ist zweifellos die größte Sache, die wir räumlich entfernt voneinander tun. Keine andere Sache trennt uns für eine so lange Zeit voneinander. Deshalb kann die Berufstätigkeit auch einen Keil zwischen uns bringen. Denn sie führt zu zwei verschiedenen Leben. Deshalb ist es sehr wichtig, daß wir uns überlegen, was wir tun können, damit unsere Arbeit und unsere Ehe miteinander harmonieren und vor allem mit unserer Rolle als Ehemann.

Die Stellung des Berufs

Die meisten von uns müssen ganz schön hart arbeiten. Wir leben in einer Welt, die hohe Anforderungen stellt. Wenn wir nicht etwas leisten und uns keine Mühe geben, dann warten schon andere auf unsere Stelle.

Einige von uns strengen sich so sehr an, daß man sagen kann: Sie werden von der Arbeit bestimmt. Setzt man sich jedoch nicht so ein, erlebt man eine Pleite und leidet an Gefühlen des Versagens.

Was wir in der Firma erleben, verfolgt uns auch zu Hause noch. Das wird zu einer großen Gefahr, wenn wir nicht erkennen, daß wir auch im Beruf menschliche Wesen, Ebenbilder und Geschöpfe Gottes sind, wertvoll in und für uns selbst, ganz gleich, ob wir groß herauskommen oder nicht. Wir sind auch noch Ehemänner, die mit Ehefrauen beschenkt worden sind und mit Familien, die uns brauchen — nicht nur unser Geld, sonderr *uns* persönlich.

Ich erinnere mich an eine Sitzung, die wir vor einigen Jahren mit sieben anderen Lektoren hatten. Wir sprachen darüber, daß unsere Arbeit die Priorität haben sollte. Wir waren alle jung und ehrgeizig und hielten uns gegenseitig Vorträge darüber, daß wir uns ganz einbringen müssen. Es durfte uns nichts ausmachen, ob wir fünfzig oder siebzig Stunden in der Woche arbeiteten. »Jeder, der nicht bereit ist, sich total für seine Arbeit einzusetzen, fliegt raus«, wurde gesagt.

An diesem Punkt fragten einige unter uns: »Schön und gut, aber was ist mit den anderen Bereichen unseres Lebens — der Frau, den Kindern, der Gemeinde, den Nachbarn, der Gesundheit? Spielen diese Dinge denn keine Rolle mehr?«

Niemand wagte etwas hiergegen einzuwenden, aber es kam doch stark zum Ausdruck, daß die Arbeit Vorrang haben sollte. Ich versuchte meine Gedanken in Worte zu fassen: »Ich bin zu diesem totalen Einsatz bereit und möchte der beste Lektor in der ganzen Umgebung sein. Aber ich bin mir nicht sicher, ob ich dabei nicht in der Gefahr stehe, wesentliche Bereiche meines Lebens zu vernachlässigen zugunsten meiner hohen beruflichen Ziele.«

Das war im Juni. Etwa im nächsten Januar hatten drei Leute aus jener Sitzung ihre Positionen aufgegeben und ihren Lebensstil dramatisch verändert. Einer von diesen dreien kam ein paar Monate später zu mir ins Büro und sagte: »Erinnern Sie sich noch an jenen Abend, als wir über die Priorität unserer Arbeit sprachen?«

»Ja, daran erinnere ich mich gut.«

Mit einem Grinsen schüttelte er seinen Kopf: »Das was ein großer Unsinn.«

Nicht jeder würde dieser Aussage zustimmen, aber immer mehr

Geschäftsleute und Manager aller Art kommen zu der Einsicht, daß es weder gut noch möglich ist, die Angestellten restlos zu vereinnahmen. Präsident Carter hat das in einer seiner ersten Kabinettssitzungen demonstriert, als er deutlich machte, daß er auf keinen Fall möchte, daß aus Treue zu ihm Ehen in die Brüche gingen. Ein Beruf, der die Familie nicht berücksichtigt, ist voller Gefahren.

Manche von uns haben sich so übertrieben im Beruf eingesetzt, daß dabei das persönliche Leben völlig zerstört wurde — und vielleicht dann auch die berufliche Karriere. Aber so schlimm ist es bei mir nicht, sagen Sie. Ich bin nicht arbeitssüchtig.

Das mag stimmen. Aber können Sie das ganz allein feststellen? Überlegen Sie einmal, welche Dinge und Personen in Ihrem Leben Vorrang haben sollen. Ich wollte mir selbst einmal Rechenschaft darüber ablegen, wie ich die 168 Stunden meiner Woche verbrachte und wo meine Prioritäten lagen.

Ich machte folgende Kategorien. Vielleicht möchten Sie sie für Ihre eigene Analyse verwenden.

	Stunden pro Woche	prozentual pro Woche
Gemeinde		
Regelmäßige Versammlungen	—	
Andere Gruppen, Komitees, Sitzungen etc.	—	
Fahrzeit	—	
Vorbereitung für Unterweisung, Musik etc.	—	
Insgesamt	—	—
Gesundheit		
Schlaf	—	
Mahlzeiten	—	
Waschen, Ankleiden usw.	—	
Gymnastik, Sport	—	
Insgesamt	—	—
Arbeit		
Arbeitszeit	—	
Fahrzeit	—	
Zusätzliche Arbeit zu Hause	—	
Insgesamt	—	—

Familie

Kommunikation mit der Ehefrau		
(zu Hause oder auswärts)	—	
Zeit für die Kinder	—	
Eltern und Verwandte	—	
Geldeinteilung, Buchhaltung,		
Bezahlen von Rechnungen	—	
Hausinstandhaltung	—	
Rasenmähen, Schneefegen	—	
Autowartung	—	
Insgesamt	—	—

Persönlich

Geistliches Leben	—	
Lesen	—	
Fernsehen	—	
Insgesamt	—	—

Soziales Engagement	—	—

Ich war erstaunt, daß ich 165 Stunden zusammenbrachte. Das zeigt mir, daß meine Aufstellung voller ist, als ich dachte. Zum Faulenzen bleibt nicht viel Zeit. (Wenn Sie mich fragen, wann ich dieses Buch geschrieben habe, dann muß ich gestehen: im Urlaub!)

Aber diese Aufstellung hilft mir, die Prioritäten zu erkennen und mich selbst zu fragen: Ist meine Woche ausbalanciert? Gebe ich jedem Bereich die richtige Anzahl Stunden? Verwalte ich die Zeit, die mir Gott gibt, verantwortungsvoll?

Ebenso wie beim Geld, verlieren wir auch bei der Zeit die Übersicht. Wir beschäftigen uns mit einzelnen Bäumen statt mit dem ganzen Wald. Und die Arbeit ist ein Pulverfaß, das leicht die weniger festen Bäume ausreißen kann, die ebenfalls ihren Platz an der Sonne verdienten.

Einige besondere Dilemmas

Ein Handwerker, dessen Arbeitszeit von der Firma mit der Uhr geregelt wird, braucht nicht so viele Zeitentscheidungen zu treffen wie jemand in einer Führungsposition oder ein selbständiger Geschäftsmann oder ein Freiberuflicher. Jene, die ihre Arbeit nicht durch eine geregelte Stundenzahl eingeteilt bekommen, haben viel mehr Zeitprobleme als die anderen.

Besonders akut ist dieses Problem für Leute, die im Reich Gottes arbeiten. Hier geht es nicht so um das Geld, sondern um die Aufgabe. Was kann wichtiger sein, als das Reich Gottes zu verwirklichen? Millionen von Menschen haben noch nie auch nur einen Satz des Evangeliums gehört ... Es gibt scharenweise bedürftige, hilflose oder fragende Menschen vor unserer Haustür ... Wie kann ein Pastor oder Missionar sich auch nur die Zeit nehmen, um mit seiner Frau eine Tasse Kaffee zu trinken?

Für die meisten Leute, die im gemeindlichen Dienst stehen, muß diese Aufstellung verändert werden, weil Gemeinde und Arbeit für sie dasselbe sind. Und es ist eine ganz ernsthafte Arbeit. Ein Besitzer einer Imbißstube kann die Lichter löschen und die Türe schließen in dem Bewußtsein, daß niemand ohne seinen Dienst leiden wird. Selbst ein Versicherungskaufmann oder ein Universitätsprofessor weiß, daß seine Arbeit nicht völlig unentbehrlich ist.

Aber was, wenn ein Selbstmordgefährdeter beim Pfarrer nicht ankommt? Ärzte können sich immerhin noch beruhigen mit dem Gedanken, daß im örtlichen Krankenhaus Erste Hilfe für die Patienten zur Verfügung steht. Der Pastor ist im Gegensatz dazu der einzige, der in solchen extremen Situationen helfen kann.

Darum ist klar, daß deshalb all die Pastoren, Missionare und andere »Reichgottesarbeiter« einen ungesunden und sogar gefährlichen Lebensstil haben. Die Leidtragenden sind oft die Frauen und Kinder. Bei ihnen kommen alle möglichen Gefühle auf, wie Resignation, Isolation und Desillusion, nicht nur gegen ihren Mann, sondern auch gegen Gott und die Institution, für die er arbeitet. Dann kommen auch schnell Gewissensbisse auf: Wie schrecklich von mir, ihn nach Hause zu wünschen, wenn er doch irgendwo dem Herrn dient.

Deshalb sagt die Ehefrau nichts. Ich kenne einen Mann, der in seinen ersten Dienstjahren im Reich Gottes sich so einsetzen wollte, daß er sogar dann verreist war, als seine drei Kinder geboren wurden. Inzwischen hat er eingesehen (und predigt dies auch seinen Kollegen), daß es Unsinn ist, das Reich Gottes auf Kosten anderer zu bauen, vor allem auf Kosten der Familie. Die Bibel fordert keinen solchen Einsatz. Dagegen wird den Vorstehern der Gemeinden gesagt, daß sie folgende Eigenschaften aufweisen müssen: ?»Ein Bischof aber soll sein ... einer, der seinem eigenen Hause gut vorsteht und seine Kinder in Gehorsam und Ehrbarkeit hält. Denn wenn jemand seinem eigenen Haus nicht vorstehen kann, wie soll er dann für die Gemeinde Gottes sorgen?« (1. Tim. 3, 4—5).

Das braucht Zeit. Es gibt keine Möglichkeit, daß ein »Reichgottesarbeiter« sieben Tage lang täglich vierzehn Stunden arbeitet und gleichzeitig der Führer/Diener seiner Familie ist. Das ist ausgeschlossen.

Ein Mensch in dieser Aufgabe braucht ein Höchstmaß an Disziplin, um die Zeit verantwortungsbewußt einzuteilen. Es ist noch um so schwieriger, weil die Gemeindearbeit hauptsächlich abends und am Wochenende anfällt. Das ist die Zeit, wenn die meisten anderen Leute Freizeit haben. Wann soll der Pastor sich also losreißen und sich Zeit für seine Frau nehmen? Vielleicht eignen sich die Vormittage für ihn am besten.

Wichtig finde ich auch, daß sich der Pastor jede Woche einen freien Tag nimmt. Ich kenne einen Gemeindebrief, in dem immer drin steht, wann der freie Tag des Pastors ist, damit es die Gemeindeglieder nicht vergessen.

Sackgasse

Die schlimmste berufliche Veränderung ist der Verlust des Arbeitsplatzes. Es ist das Trauma jedes Mannes, arbeitslos zu sein.

Ich kann mich noch an einen heißen Freitagnachmittag im Juni erinnern, als ich in das Büro meines Vorgesetzten gebeten wurde. Gerüchte hatten sich verbreitet, daß die finanzielle Situation kritisch wurde und Kosten eingespart werden mußten, indem einige Mitarbeiter entlassen werden sollten. Doch niemand wußte etwas Genaues.

Ich saß da und hörte mir das alles an. Es war eine ungemütliche Situation, als dieser Mann mir so vorsichtig wie möglich erzählte, daß man auf verschiedene Weise versuchen müßte, die Finanzkrise zu überwinden. Er zählte die Namen einiger Betroffener auf . . . und plötzlich waren meine Dienstjahre in dieser Firma zu Ende. Er machte natürlich deutlich, daß das absolut nichts zu tun habe mit meinen Fähigkeiten usw. Den Rest habe ich vergessen. Ich kann mich nur noch erinnern, daß ich zu meinem Auto ging, nach Hause fuhr und unterwegs anhielt, um mir zu überlegen, wie ich Grace das erklären konnte.

Ich konnte es nicht einsehen, daß der einzige Grund nur finanzieller Art sein sollte. Wenn es so war, dann gehörte ich zu denen, die auch ohne Geld weitergemacht hätten. Ich konnte mich nicht damit abfinden. Mein Selbstbewußtsein erlitt einen Knacks.

Nachdem nun einige Jahre vergangen sind und ich Abstand habe, kann ich die Sache rückblickend anders sehen. Ich meine, daß Leute in einer guten Position mit soviel Selbstbewußtsein wie ich eine solche Erfahrung in ihrem Leben brauchen. Ich kam zur Haustür herein, schaute meine Frau an, die ich liebe, ließ einige Zeit verstreichen und sagte dann leise: »Nun, hm, ich muß dir was sagen ... am Montagmorgen werde ich nicht zur Arbeit gehen.« Irgendwie macht einen dieses Bekenntnis ganz klein, man fühlt sich unmöglich, gedemütigt und ist verwundbar. Und in dieser Hilflosigkeit kommt man seiner Frau noch näher.

Wir schmiegten uns aneinander, beteten um göttliche Hilfe und zählten gleichzeitig den Segen auf, der uns noch geblieben war. Der Blick auf die Zukunft ist entsetzlich. Wir mußten fünf Wochen warten, bis ich eine neue Arbeit gefunden hatte. Aber andere mußten viel länger warten. Aber gerade in dieser Zeit machten wir die tiefe Erfahrung, wo die Quellen unserer wahren Werte lagen. Wir konnten nicht auf Organisationen oder Gesellschaften vertrauen, auch nicht auf Arbeitsämter und nicht einmal auf unsere eigenen Talente oder Beziehungen; wir mußten uns einfach ganz auf Gott verlassen, der uns in diese Lage gebracht hatte und der uns auch jetzt nicht verlassen würde.

Ohne diese Zuversicht kann eine Ehe unter der Arbeitslosigkeit sogar zerbrechen. Immer mehr Rechnungen gehen ein — und dabei tauchen Fragen auf, ob der Ehemann wirklich fähig ist, die Führung in der Familie zu übernehmen. Sein Selbstbewußtsein leidet, und je länger seine Arbeitslosigkeit dauert, desto schlimmer wird es.

Ob wir nun die Arbeitsstelle verlieren oder uns unterwegs jemand eine Beule in den Wagen fährt, immer hilft es uns, wenn wir unsere Frau an unseren Problemen teilnehmen lassen. Dann weiß sie auch, wenn wir einen schlechten Tag gehabt haben und kann sich danach richten. Mir tut es immer gut, wenn meine Frau dann auf mich eingeht.

Sie hat auch ein Recht darauf, über unsere Erfolge, die Komplimente des Chefs, Bescheid zu wissen. Wer seine Erlebnisse vor seiner Frau zurückhält, bedeutet ihr, daß sie zu dumm ist, das zu verstehen. Zudem werden wir dadurch selbst einsam werden.

7. Die Familie im Glauben

Das Heim, die Familie, existiert schon sehr lange als Institution. Gott fing gleich am Anfang damit an, als der große Auszug etwa um das Jahr 1480 v. Chr. stattfand. So können wir sehen, daß Gott sowohl die kleine als auch die große Lebensgemeinschaft wollte, da die eine mit der anderen in Beziehung steht.

Was ist die Gemeinde? Vielleicht ist es leichter, festzustellen, was sie nicht ist:

— Sie ist kein Gebäude.

— Sie ist keine Konfession.

— Sie ist keine soziale Arena, in der wir unsere Beziehungen zu Freunden und Nachbarn pflegen.

— Sie ist kein Museum zur Erhaltung von Familientraditionen (»Mein Großvater war Pfarrer in der Presbyterianischen Kirche, und wir werden immer . . .«).

— Sie ist keine kostenlose Kinderverwahrungsanstalt, so daß Sie und Ihre Frau eine kleine Zeit Frieden und Ruhe jede Woche genießen können.

Die wirkliche Bedeutung von Gemeinde übersteigt all diese Dinge bei weitem. Und sie ist auch viel spannender, aufregender und lebendiger. Die Gemeinde ist eine lebendige, atmende Gemeinschaft von Christus-Nachfolgern, die einander lieben und fördern, so daß man die Gemeinde eine Familie nennen kann.

Schließlich ist das auch die Bezeichnung, die das Neue Testament ihr oft gibt. Paulus schrieb an die Epheser: »So seid ihr nun nicht mehr Gäste und Fremdlinge, sondern Mitbürger der Heiligen und Gottes Hausgenossen« (Eph. 2, 19). Im nächsten Kapitel sagt er: »Derhalben beuge ich meine Knie vor dem Vater, der der rechte Vater ist über alles, was da Kinder heißt im Himmel und auf Erden« (Eph. 3, 14—15).

Die Gemeinde ist eine Gruppe von Menschen, die vieles gemeinsam hat, weil sie einen gemeinsamen Vater haben. Ich frage Sie: Gibt es eine bessere Definition für eine Familie?

Die Gemeinde ist somit eine große Familie und hat noch den Vorteil, ein fähiges Haupt zu haben. Vielleicht sind wir Ehemänner am besten in der Lage zu verstehen, was die Absicht der Gemeinde ist, denn wir haben ja im täglichen Leben darum gekämpft, den Sinn unserer Familie herauszufinden.

Wir können verstehen, wie wichtig es für die Gemeinde ist,

uns selbst, unsere Frauen, unsere Kinder in bedeutsame Beziehungen zu anderen Ehemännern, Ehefrauen, Kindern und alleinstehenden Erwachsenen zu bringen. Wir können verstehen, wie wichtig es für die Gemeinde ist, uns zu führen, und uns zu helfen, unser Versagen zu bekennen, so daß wir Vergebung erhalten.

Wir können verstehen, wie wichtig es für die Gemeinde ist, uns dabei zu helfen, unsere Werte inmitten einer großen Gruppe zu klären. Wir können verstehen, wie wichtig es für die Gemeinde ist, uns aus unserem Schneckenhaus herauszulocken und in den Dienst Jesu Christi zu stellen.

Wir können verstehen, wie wichtig es für die Gemeinde ist, uns ständig daran zu erinnern, daß *Gott uns zum Guten verändern kann* — daß wir nicht für immer in unseren alten Gewohnheiten und egoistischen Verhaltensmustern steckenbleiben müssen.

Wir können verstehen, wie wichtig es für die Gemeinde ist, uns von den täglichen Problemen zu lösen und uns Gottes Liebe, seiner Kraft, Gerechtigkeit und seinem Mitleid zu stellen.

Mehr als einmal kam ich müde und erschöpft aus meinem Büro nach Hause und wurde dann erfrischt durch einen Gottesdienst, den wir jeweils mittwochabends in unserer Gemeinde haben. In diesem Gottesdienst singen wir viel, beten wir für aktuelle Anliegen, beten Gott an und teilen ehrlich unsere Erfahrungen mit. Diese Versammlungen sind für uns eine Oase inmitten einer anstrengenden Woche. Wir kommen innerlich zur Ruhe in diesem Gottesdienst, weil das Leben wieder in die richtige Perspektive gerückt worden ist. So können wir an unseren Platz zurückkehren und unseren Verpflichtungen mit frischem Mut nachkommen.

Solch eine Erfahrung ist der Beweis für uns, daß die Gemeinde Jesu Christi wirklich ein lebendiger Organismus ist. Es ist nicht nur eine Organisation. Die Gemeinde sind »wir«. Wir sind die Gemeinde, die lebendige Familie Gottes.

Galater 6 erinnert uns daran, daß wir ernten, was wir säen, in der Gemeinde ebenso wie in unserem ganzen Leben. Weiter steht hier: »Lasset uns aber Gutes tun und nicht müde werden; denn zu seiner Zeit werden wir auch ernten, wenn wir nicht ablassen. Darum, solange wir noch Zeit haben, lasset uns Gutes tun an jedermann, allermeist aber an des Glaubens Genossen« (Gal. 6, 9—10).

So gibt es Zeiten, in denen wir und unsere Frauen hart arbeiten, ob wir in der Sonntagsschule unterrichten oder einen Kranken besuchen oder sonst etwas tun. Dann gibt es andere Zeiten, wo wir selbst solchen Segen empfangen dürfen. Solange jeder gibt und empfängt, ist jeder gut dran, und die Gemeinde erfüllt ihren Auftrag.

Es benötigt keine besondere Intelligenz, um zu erkennen, was geschieht, wenn jemand nicht bereit ist, zu geben. Vielleicht lehnen wir das nicht bewußt ab. Wir folgen einfach irgendwelcher Gewohnheit, halten unseren Mund und engagieren uns nirgendwo. Ob wir das beabsichtigt oder unbewußt tun — das Resultat ist das gleiche: Wir sind Parasiten im Gemeindeleben! Jemand gibt uns ständig, aber wir geben das nicht weiter. Schließlich sterben wir wie das Tote Meer ab, weil wir nicht »abfließen«. Das Tote Meer nimmt nur auf und gibt nicht weiter.

Daneben gibt es auch Leute, die sehr pflichtbewußt geben. Sie fühlen sich gleichzeitig für sechs Bereiche verantwortlich — und sie werden sofort nervös, wenn sie nur dasitzen, um etwas von jemand anderem zu empfangen. So verausgaben sie sich ständig, ihre Reserven sind erschöpft, und ihr Dienst ist nicht annähernd so wirkungs- und gehaltvoll, wie sie denken. Beide Haltungen entsprechen nicht Gottes Willen!

Aber was, wenn . . .

Viele Christen gehören zu Kirchen, die keineswegs eine Familie darstellen. Der Gottesdienst trägt nur wenig dazu bei, das Bewußtsein der Allmacht Gottes zu wecken. Sie haben keine wichtigen Beziehungen zu den anderen Gemeindemitgliedern, obwohl sie schon während vieler Jahre der gleichen Kirche angehören. Sie kennen keinen geistlichen Wendepunkt in ihrem Leben.

Aus solchen Gründen sind viele Männer und Frauen einfach aus den Kirchen ausgetreten oder haben der Kirche keinen wichtigen Platz in ihrem Leben eingeräumt. Und die Institution Kirche lebt auch ohne sie.

Doch was können wir Familienoberhäupter tun, wenn wir so gut wissen, daß es anders sein sollte?

Als erstes müssen wir unsere Vorstellungen an Hand der Apostelgeschichte oder der neutestamentlichen Briefe prüfen und eventuell korrigieren. Dann reden wir. Wir nennen unsere Bedürfnisse und Wünsche. Gleichzeitig gehen wir unseren Pflichten in der Gemeinde nach und verhalten uns so, daß unsere Stimme gehört werden kann. Wir setzen uns ein und arbeiten daran, daß sich die Gemeinde verändert.

Wenn sich trotzdem nie etwas ändert, wird sich der eine oder andere dazu entschließen, die Gemeinde zu wechseln. Doch das ist eine schwierige Entscheidung. Was immer auch geschieht oder nicht geschieht, wir beten dafür, daß es positive Veränderungen gibt, daß die Motive gereinigt werden, daß es ein Leben im Geist wird, das alle erfüllt.

All das sind wichtige Dinge, sie sind nicht wichtiger als unser Familienleben. Die Gefahr ist groß, daß wir uns als Ehemänner und Väter so stark in der Gemeinde engagieren, daß wir soviel Zeit darauf verwenden, über die Probleme der Gemeinde und deren Lösungen nachzudenken, daß uns keine Zeit mehr bleibt für die Menschen, die uns am nächsten sind: unsere eigene Familie.

Allerdings dürfen wir auch nicht die Hände in den Schoß legen und abwarten, bis sich von selbst etwas ändert. Dann wird sich nie etwas ändern. Das Schwierige ist eben immer, das richtige Maß unseres Einsatzes zu finden.

8. Was ist eine christliche Familie?

Lassen Sie uns darüber nachdenken, inwieweit unsere Familie christlich ist. Wenn mein Zuhause die Liebe Christi an ganz gewöhnlichen Montagen, Donnerstagen und Samstagen reflektiert, dann deshalb, weil meine Frau und ich das so beschlossen haben. Wenn die Atmosphäre in unserer Familie sich nicht von der Atmosphäre einer nicht-christlichen Familie unterscheidet, ist das meine Schuld.

Wir wissen, daß unsere Familien christlich sein sollen. Wir möchten nicht, daß unsere Kinder nur in der Sonntagsschule oder im Bibelunterricht von Gott hören. Wir wissen, daß der Unterschied zwischen einer christlichen und einer nicht-christlichen Familie nicht nur darin besteht, daß die einen regelmäßig zum Gottesdienst gehen und die anderen am Sonntagmorgen ausschlafen.

In der Tat pflegten die Puritaner von der Familie als von einer »ecclesiola« zu sprechen, von einer »kleinen Gemeinde«. Sie spürten, daß es für Gott genauso wichtig war, inmitten einer Familie willkommen zu sein wie auch in einer großen Gemeinde.

Wir wissen das alles, aber *wie* macht man das in der Praxis? Wie integrieren wir unseren Glauben ins tägliche Leben? Wie erhalten wir die Gebete in der Familie frisch und lebendig? Wie finden wir die nötige Zeit? Wie vermeiden wir Langeweile?

»In meiner Kindheit ...«

Wenn Sie aus einer christlichen Familie stammen, dann können Sie zweifellos beeindruckende Geschichten darüber erzählen, wie Großvater jeden Abend nach dem Abendessen seine alte Familienbibel hervorholte und dann feierlich ein Kapitel daraus seiner Frau und seinen elf Kindern vorlas. Lachte oder schwatzte eines der Kinder, spürte es unverzüglich den Messergriff auf dem Handrücken.

Viele Familien führen bis auf den heutigen Tag solche Traditionen weiter. Vielleicht wurde die alte Bibelübersetzung durch eine moderne Übersetzung ersetzt, und es mag auch sein, daß nicht immer nur der Vater liest, aber im übrigen blieb die Form die gleiche.

Selbst gleichgültige Christen können an solchen Traditionen

wie Tischgebet und Abendgebet festhalten. Wir müßten uns aber ehrlich fragen: Bringt das etwas? Trägt es zur Förderung einer christlichen Familie bei? Trägt es dazu bei, daß wir »aber in der Gnade und Erkenntnis unseres Herrn und Heilandes Jesus Christus wachsen« (2. Petr. 3, 18)?

Natürlich haben diese Traditionen auch etwas Gutes: 1. Die Regelmäßigkeit gibt zu verstehen, wie wichtig es ist. 2. Die Kinder können nicht anders, als davon beeindruckt zu sein, daß dies Vorrang hat. 3. Es bleibt genug Zeit übrig, sich mit der Zeit mit den verschiedensten geistlichen Wahrheiten zu befassen.

Vermutlich gibt es noch andere Vorteile, aber auch viele Nachteile. Großvaters Kinder mögen nicht gewagt haben, sich während der Familienandacht zu mucksen, aber vielfach werden sie dabei trotzdem nicht richtig zugehört haben. Kinder werden sich bald langweilen, wenn es keine Abwechslung gibt, aber auch Erwachsene.

Wenn wir unser Zuhause christlich gestalten wollen, müssen wir bedenken, daß die Resultate wichtiger sind als die Traditionen. Es ist meine eigene Erfahrung, daß nichts für immer wirksam ist. Wir müssen uns immer wieder neu überlegen, was wir ändern können, damit ich selbst und meine Familie eine wirklich bedeutsame Kommunikation mit Gott haben.

Zum Beispiel das Tischgebet: Ich weiß, daß die Heilige Schrift sagt, daß Nahrung etwas ist, das »Gott dazu geschaffen hat, daß sie mit Danksagung empfangen werde von den Gläubigen und denen, die die Wahrheit erkennen« (1. Tim. 4, 3). Nur ein kurzes Gebet, das ich schnell heruntersage, empfinde ich nicht als besonders sinnvoll. Darin kommt nicht viel Dankbarkeit zum Ausdruck. Manchmal bin ich aber wirklich dankbar, daß Gott uns befähigt hat, soviel Geld zu verdienen, um Essen auf den Tisch zu bringen. Zu anderen Zeiten bin ich so hungrig oder die Kinder sind so ungeduldig, daß ich nichts anderes möchte, als sogleich mit dem Essen zu beginnen. Wir sprechen in jedem Fall ein Tischgebet, aber die Wirkung ist minimal, denn während des Essens wird manchmal die Frage gestellt: »Haben wir gebetet?«

Einmal versuchten wir nach dem Essen zu beten. Es fiel leichter, darin eine Bedeutung zu legen, wenn wir sagten: »Danke, Herr, für das Essen, das wir genießen durften.« Aber die jahrzehntelange Tradition wird nicht so leicht durchbrochen — und mehr als einmal ertappten wir uns dabei, daß wir vom Tisch aufstanden, ohne gebetet zu haben. Wir hatten es ganz einfach vergessen. So gingen wir zurück zu unserer üblichen Gewohnheit und beten vor dem Essen.

Vielleicht müssen wir eine Zeitlang experimentieren, um herauszufinden, wie wir am besten daran denken können, daß Nahrung eine Gabe Gottes ist, für die wir Gott danken sollen.

Was das geistliche Leben betrifft, hatten Grace und ich einige spannende Zeiten des Bibelstudiums und gemeinsamen Gebetes. Wir machen das nicht immer gemeinsam, aber manchmal im Jahr haben wir das Bedürfnis, die Stille Zeit gemeinsam zu halten. Zuweilen haben wir Bücher der Bibel durchgearbeitet und versuchten, die biblischen Wahrheiten auf unser Leben zu beziehen. Manchmal wählten wir auch bestimmte Themen, um zu erfahren, was die Bibel dazu sagt. Hin und wieder haben wir auch einen Bibelleseplan oder einen Kommentar benutzt, aber häufiger taten wir es ohne. Unsere gemeinsamen Gebete waren für uns immer sehr fruchtbar. Grace kennt mich, und ich sie, so ist es zwecklos, sich in Gegenwart des anderen besonders fromm zu geben. Darum sind wir offen vor dem Herrn. Grace betet, ich bete, sie betet wieder, wir warten und hören, ich antworte ... manchmal beten wir mit vielen Worten, manchmal nur in ein oder zwei Sätzen oder gar nur mit einem Satzteil oder Gedanken. Es ist eben wie ein normales Gespräch. Große Reden sind weder erlaubt noch erwünscht.

Manchmal knien wir beim Beten, manchmal sitzen wir, und manchmal halten wir unsere Augen geöffnet (zum Beispiel, wenn wir während einer Autofahrt beten!). Wenn wir miteinander gebetet haben, dann sehen wir die Dinge hinterher klarer. Meistens machen wir uns später den Vorwurf, nicht viel früher mit Gott über alle unsere Angelegenheiten gesprochen zu haben.

Ich erinnere mich an eine bestimmte Zeit, als wir kaum Zeit für das gemeinsame Gebet fanden. Es war zu der Zeit, als ich zur Hochschule ging. Grace hatte es dadurch besonders schwer. Wir wohnten in einer 2½-Zimmer-Wohnung in der Nähe der Universität. Ihre Schule, in der sie unterrichtete, lag 32 Meilen entfernt. Autofahren ist nicht Graces Lieblingsbeschäftigung. So wäre sie für eine Änderung der Situation dankbar gewesen. Zudem begann es in jenem Jahr am 22. Oktober zu schneien — und die letzten Schneeflocken fielen am 7. Mai. Unser Ort war in jenem Winter fast total eingeschneit. Die Erde wurde zu einer Hügellandschaft, und der Himmel war ständig grau. Das alles bedrückte Grace.

Am Ende des Schultages kam sie jeweils völlig erledigt nach Hause, machte das Abendessen und beschäftigte sich dann mit ihren Vorbereitungen, während ich studierte ... und dann, als wir uns gegen elf Uhr gerade schlafen legen wollten, übte unsere Nachbarin unter uns gerade Klavier. Das wäre ja gar nicht schlimm gewesen, wenn sie eine gute Pianistin gewesen wäre, jedoch war sie alles andere als das. Sie spielte eben oft falsch. Grace ärgerte sich darüber und konnte stundenlang nicht schlafen.

Wir konnten nicht viel tun, um diese Situation zu ändern. Aber ich spürte, daß das Grace große Schwierigkeiten bereitete. Alles schien sie zu erdrücken, und sie war müde. Sie wußte nicht einmal, ob sie wirklich genug Ruhe bekäme, um den nächsten Tag zu überstehen.

Dann schlug ich vor, wir sollten die Bibel daraufhin studieren, was sie über Frieden zu sagen hat. Wir kannten einige Verse über Frieden. Trotzdem setzten wir uns hin und schlugen in der Konkordanz nach. Dann nahmen wir ein Blatt Papier und schrieben darauf »Dinge, an die wir im Zusammenhang mit Frieden denken wollen«:

Phil. 4, 4—7	Friede ist das Gegenteil von Sorge.
Joh. 14, 23—31	Friede ist eine *Wirklichkeit*, die Christus uns schenkt.
Gal. 5, 22—25	Der Heilige Geist bewirkt Friede in uns.
Ps. 28, 1—9	Friede ist ein Zustand der Gesinnung mitten in Aktion.
2. Tim. 2, 22	Dem Frieden sollen wir nachjagen. (Dazu
Röm. 14, 19	muß auch der Mensch Initiative ergreifen.)

Diese Verse nahm Grace sich sehr zu Herzen. Ihr Leben wurde dadurch für den Rest des Schuljahres bestimmt. Voller Zuversicht erlebte sie die schneeigen Tage und die gestörten Nächte. Ihre veränderte Einstellung war für alle wahrnehmbar.

Diese Erfahrung ist frisch in meiner Erinnerung, weil wir dieses Blatt Papier vor ein paar Monaten wiederfanden — nach sechs Jahren —, und diesmal war ich es, der sich gehetzt fühlte und in Schwierigkeiten steckte. Die Kombination von beruflicher Verantwortung und meine mangelnde Geduld mit den Kindern machte mir zu schaffen, und ich bat sie, mir zu helfen, diese biblischen Wahrheiten neu für mein Leben zu entdecken.

Ja, es ist schwierig, für solche Art von Interaktion Zeit zu finden. Es wird noch schwieriger, sobald Kinder da sind. Wir sind dann noch beschäftigter, und viele Dinge, die wir tun sollten, bleiben ungetan, weil die Kinder uns in Anspruch nehmen. Es sei denn, Sie vernachlässigen Ihre Elternpflichten und halten sich die Kinder vom Leibe. Doch da Sie wissen, daß das nicht richtig ist, kümmern Sie sich also um Ihre Kinder und warten mit Sehnsucht auf den späten Abend, wenn die Kinder schlafen und Sie endlich lesen oder anderes in Ruhe tun können. Können Sie es sich leisten, etwas von dieser kostbaren Zeit für einen geistlichen Austausch mit Ihrer Frau zu verwenden? Können Sie es sich leisten, das nicht zu tun?

Wenn ein Ehemann keine Zeit und keinen Grund hat, zusammen mit seiner Frau in die Gegenwart Gottes zu treten, wie kann er dann erwarten, daß Gott ihn in bezug auf die Angelegenheiten seiner Familie leitet? Das Ehepaar, das meinte, ohne göttliche Leitung und Hilfe auskommen zu können und alles selbst plant und gestaltet, ist so gesehen ein nicht-christliches Ehepaar. Es besteht eigentlich kein Unterschied zu den Ehepaaren Ihrer Umgebung, die meinen, sie könnten ohne Gott leben, sie brauchten ihn nicht.

Jedes Ehepaar muß für sich selbst die günstigste Zeit herausfinden. Es ist besser, nur ein- oder zweimal pro Woche solch eine Zeit des gemeinsamen Gebetes zu haben, als überhaupt keine.

Gelegenheiten, die sich einfach ergeben

Vielleicht sind die besten Zeiten überhaupt — nicht nur für uns Erwachsene, sondern auch für unsere Kinder — die, die sich spontan ergeben. Während Sie am Strand liegen, entwickelt sich plötzlich ein Gespräch über Gebet und wie Gott Gebete erhört. Oder Ihr Sohn möchte wissen: »Wer hat die Eichhörnchen gemacht?« Oder Sie bringen die Weihnachtsdekoration an und erklären dieses Fest. Oft gibt es ganz von selbst Gelegenheiten, um seinen Glauben oder eine Geschichte der Bibel plastisch den Kindern vor Augen zu führen. Ein Beispiel: Es ist spät am Neujahrstag. Bis nach Hause sind es noch 150 Meilen. Da streikt Ihre Lichtmaschine. Weil Feiertag ist, sind alle Werkstätten und Tankstellen geschlossen. Draußen ist es kalt und dunkel. Sie sind ganz schön besorgt, weil Sie kaum Möglichkeit haben, etwas zu unternehmen. Offen gesagt, Sie sind einfach ratlos.

In einer solchen Lage können Sie sagen: »Gut, ich weiß zwar nicht, wie wir nach Hause kommen werden, aber ich schlage vor, daß wir beten. Ich finde, das ist jetzt eine ähnliche Situation, wie sie Mose erlebte, als er mit dem Volk Israel vor dem Roten Meer stand. Wenn Gott nicht eingriff, wäre die Lage unmöglich. Aber Gott zeigte, daß er eine Überraschung für sie hatte. Und ich finde, darum sollten wir ihn gerade jetzt auch bitten.«

Stellen Sie sich vor, Gott würde Ihr Gebet beantworten. Vielleicht hält ein barmherziger Samariter an, um Ihnen seine Hilfe anzubieten, und es stellte sich heraus, daß er »zufällig« der Bruder des Inhabers einer Werkstatt in der nächsten Stadt ist. Innerhalb einer Stunde könnten Sie weiterfahren.

Durch die praktische Anschauung würden Ihre Kinder die Bedeutung von 2. Mose 14 verstehen — und zwar so gründlich, daß sie sie nie wieder vegessen könnten.

Vergangenen Sommer betrachtete Nathan fasziniert ein Feuer in der Nähe. Diese Gelegenheit nahm ich wahr, ihm drei biblische Geschichten zu erzählen, die von Feuer handelten. Es war das erstemal für ihn, daß er diese Geschichten hörte: Mose am brennenden Dornbusch, die drei hebräischen Männer im Feuerofen und Paulus auf der Insel Malta. Bis heute redet Nathan immer wieder von dieser Situation, die ihn stark beeindruckt haben muß.

Es scheint, Gott habe die israelischen Väter gelehrt, auch solche spontanen Situationen wahrzunehmen. Josua 4, 1—7 erzählt die Geschichte von den Männern, die, als sie das Verheißene Land einnahmen, den Jordan entlang Steine legen sollten. Warum? Um die Kinder später dazu zu bringen, daß sie Fragen stellten. Die Antwort auf diese Fragen würde Gottes Herrlichkeit und Macht zeigen. »Damit sie ein Zeichen seien unter euch. Wenn eure Kinder später einmal fragen: Was bedeuten euch diese Steine?, so sollt ihr ihnen sagen: Weil das Wasser des Jordan weggeflossen ist vor der Lade des Bundes des Herrn, als sie durch den Jordan ging, sollen diese Steine für Israel ein ewiges Andenken sein« (Jo. 4, 6—7).

Einige Jahre später taten die Stämme Ruben, Gad und Manasse etwas Ähnliches; sie bauten »einen Altar, groß und ansehnlich« (Jos. 22, 10). Die anderen Stämme wollten wissen warum. Sie erklärten: »Haben wir es nicht vielmehr aus Sorge darum getan, daß wir dachten: Künftig könnten eure Söhne zu unsern Söhnen sagen: Was geht euch der Herr, der Gott Israels an? ... Und wir sagten uns: Wenn sie künftig zu uns oder zu unsern Nachkommen so reden würden, so könnten wir sagen: Seht, wie der Altar des Herrn gebaut ist, den unsere Väter gemacht haben, nicht zum

Brandopfer noch zum Schlachtopfer, sondern zum Zeugen zwischen uns und euch« (Jos. 22, 24.28).

Doch außer diesen »Gelegenheitsgesprächen« müßten wir Väter auch regelmäßig geistliche Unterweisung unserer Kinder einplanen. Wir mögen das zwar oft wie das Putzen oder Geschirrspülen als die Arbeit unserer Frau ansehen. Doch die Bibel sagt uns deutlich, daß es Sache der Väter ist, die Kinder im Wort Gottes zu unterweisen. Paulus schreibt über seinen Dienst in Thessalonich: »Denn ihr wisset, daß wir, wie ein Vater seine Kinder, einen jeglichen unter euch ermahnt und aufgerichtet und euch beschworen haben, daß ihr wandeln solltet würdig des Gottes, der euch berufen hat zu seinem Reich und zu seiner Herrlichkeit« (1. Thess. 2, 11—12). Besonders die Väter sind angesprochen in Epheser 6, 4: »Und ihr Väter, reizet eure Kinder nicht zum Zorn, sondern ziehet sie auf in der Zucht und Vermahnung zum Herrn.« Es stimmt, daß man solche Dinge am besten im Rahmen der Familie lehren und besprechen kann.

Es gibt nur einen Grund, warum ein Vater dieser Aufforderung nicht nachkommen *kann*, wenn er selbst keine persönliche Beziehung zu Gott hat. Doch wenn wir eine Beziehung zu Gott haben und wenn auch unsere Frau eine Beziehung zu ihm hat, und wir gemeinsam als Ehepaar, dann werden wir heranwachsen im Glauben und zubereitet werden, auch den geistlichen Bedürfnissen unserer Kinder in der rechten Weise zu begegnen, damit auch sie innerlich wachsen können. Und das ist es, was ich eine christliche Familie nennen möchte.

9. Jenseits der Anatomie

Es war ein schrecklicher Tag — sagt eine amerikanische Feministin —, als die Höhlenmenschen entdeckten, daß die Männer die Frauen vergewaltigen können, aber nicht umgekehrt. In ihrer Sicht ist die Entdeckung dieses Lebensbereiches genauso verheerend wie die Entdeckung des Feuers oder die Erfindung des Rades. »Durch anatomische Gesetzmäßigkeit — die unausweichliche Konstruktion der Genitalorgane — war der Mann ein natürliches Raubtier, und die Frau diente ihm als Beute.«

Und das ist noch nicht alles. Das männliche Privileg der Vergewaltigung führte unausweichlich, so sagt es diese Feministin, zu einem verzweifelten weiblichen Vorschlag, um sich davon zu befreien: einem Vorschlag, der *Ehe* genannt wird. Die prähistorische Frau war froh, sich nur einem Mann zu unterstellen, der sie vergewaltigen konnte, wann immer er das wollte, so daß sie auf diese Weise vor all den anderen Männern geschützt war.

Für diese Frau ist alles nur ein männlicher, chauvinistischer Trick, um Frauen abhängig zu machen: der biblische Bericht, wie Gott die Ehe eingesetzt hat im Garten Eden, Gefühle der Liebe und des Mitteilens sowie die Hingabe zwischen Ehepaaren oder Bräuten in weißen Kleidern mit Blumensträußen.

Faszinierend. Auch ekelhaft. Ich für meinen Teil würde nicht so ohne weiteres sagen, daß die Liebe, die Wärme, die Hingabe und der Charme nur daher rühren, daß meine Frau dankbar ist, daß ich die übrige männliche Welt von ihr fernhalte. Ich möchte glauben, daß sie mich als eine komplette Persönlichkeit liebt, daß unsere Ehe nicht deshalb entstand, um das Beste aus einer schlechten Situation zu machen, sondern daß wir gemeinsam das Abenteuer wagen, zur Erfüllung und Freude zu gelangen. Ich glaube, daß die Ehe von Gott geschaffen worden ist, nicht von einer wilden Höhlenfrau.

Nachdem ich soviel gesagt habe, muß ich auch erwähnen, daß ich diese Feministin zwar in Ansatzpunkten verstehen kann. Es steckt schon ein Körnchen Wahrheit in ihrer erfundenen Theorie, ein Körnchen, das die meisten von uns gerne übersehen möchten, dem wir uns aber stellen müssen. Wie ist das bei uns? Benutzen wir unsere Ehe als eine Freikarte für Sex? Oder, um es anders auszudrücken: Wenn Sex nicht dazu gehörte, möchten wir dann noch verheiratet sein?

Damit will ich nicht sagen, daß Sex unwichtig wäre. Ich brauche sicher nicht zu sagen, daß Sex in der Ehe wichtig und wertvoll ist.

Hier geht es vielmehr um den Punkt, daß Sex *beiden* Vergnügen bereiten sollte, indem sie ihre Liebe auf nonverbale Weise ausdrücken. Der Mann muß lernen, auch hier der Gebende, der Diener der Frau zu sein. In der Tat mag das recht schwierig sein, denn wir müssen unsere falschen Vorstellungen aufgeben. Schon als kleine Jungen hat man uns beigebracht, daß Sex etwas ist, was wir *bekommen*, was wir *nehmen*, was wir *gebrauchen*, und daß Männer ihre Frauen erobern sollten.

Aber in den letzten Jahren sind bemerkenswerte Dinge geschehen. Die Frauen haben sich entschlossen, unserem Beispiel zu folgen. Sie haben festgestellt, daß sie ebenso schöne Gefühle erleben können wie wir. Die Buchhandlungen sind voll von Büchern über den weiblichen Orgasmus. Das Ergebnis ist, daß heute in vielen Ehen zwei nehmen und das Äußerste suchen und sich gleichzeitig bemühen, das zu tun, was der Partner sich wünscht und was er braucht. Die traditionelle Weise, daß einer nimmt und der andere sich willig ausliefert, ist in der Tat eine Form von Vergewaltigung. Ist die neue Sicht, daß zwei nehmen und geben, nicht viel besser?

Wenn wir auch auf diesem Gebiet unser Diener-Sein leben wollen, dann ändert sich alles. Wir bekommen ein neues Ziel, bei dem es uns darum geht, in erster Linie ihre Bedürfnisse zu befriedigen, anstatt unsere eigenen. Und wir stellen dann fest, daß wir so selbst am schönsten unsere eigene Befriedigung finden. Wir Ehemänner müssen verstehen lernen, wie der weibliche Orgasmus funktioniert. Wir müssen auch mehr über die psychologischen, nicht-physischen Aspekte der Frau in bezug auf ihr Mitmachen beim Geschlechtsakt wissen. Besonders da uns die Anatomie eine bestimmte Rolle gegeben hat, ist es um so mehr unsere Verantwortung, den Geschlechtsverkehr zu einem schönen Erlebnis zu gestalten, und nicht zur Vergewaltigung.

Aufwärmen und Ankurbeln

Zugegeben, es kann manchmal schwierig sein, ein solches Ideal im praktischen Alltag auszuleben. Was soll ein Mann tun, wenn er ins Bett kommt und mit seiner Frau Geschlechtsverkehr haben möchte, sie aber sagt: »Ich bin zu erschöpft«? Eines der verbreitetsten sexuellen Probleme unter Ehepaaren entsteht durch die Häufigkeit des Verkehrs.

Wenn Ihre Frau zu müde ist, dann könnten Sie mit ihr argumentieren und sagen: »Nun komm schon. Du hast letzte Nacht viel mehr geschlafen als ich.«

Und sie wird sagen: »Ja, aber . . .« und zählt Ihnen alles auf, was am Tag an Strapazen auf sie zugekommen ist.

Darauf werden Sie antworten: »Ich fände es recht schön, wenn du ein bißchen Energie für mich für den Abend aufspartest.«

»Oh, Liebling, hör auf . . .«

Und von da an nimmt Ihr Gespräch keinen guten Verlauf. Sie beide fühlen sich unwohl. Während Sie einschlafen, denken Sie an 1. Kor. 7, 5: »Entziehe sich nicht einer dem andern . . .« und fragen sich, warum Ihre Frau dem Wort Gottes gegenüber nicht gehorsam ist!

Sie können Sie auch einfach vergewaltigen. Denn was ist es sonst, wenn Sie gegen ihren Willen darauf bestehen? Vielleicht hat sie es mit den Jahren gelernt, ihre Rolle ganz gut zu spielen und ihre Gefühle zu unterdrücken und sich unterzuordnen, aber Sie wissen sehr wohl, was sich in ihr abspielt.

Sie können den Märtyrer spielen, bewußt oder unbewußt. Sie können sagen: »Gut, einverstanden — ich hatte mich zwar darauf gefreut, aber wenn du deinen Schlaf brauchst . . .« und Sie vervollständigen den Satz nicht. Mit solchen Worten können Sie sie vielleicht erwärmen, oder aber Sie ernten unangenehmes Gähnen, was Ihnen zeigen soll, wie müde sie ist. Sie können sich auch umdrehen, in Selbstmitleid versinken und sich dafür bemitleiden, daß Sie mit einem Eisberg verheiratet sind. Aber in jedem Fall werden Sie nicht glücklich einschlafen.

Sie können sich eine bessere Methode ausdenken, wie Sie das beim nächsten Mal anfangen. Sie machen einen Plan, daß Sie ihr Blumen mitbringen am nächsten Abend, oder daß Sie während des ganzen Abends herzlicher zu ihr sind, oder Sie gehen am Montgabend zum Fußball, oder Sie versuchen, ein paar sexuelle Dinge zu tun, bevor Sie ins Bett gehen, um sie schon ein wenig zu stimulieren.

Solche Pläne sind an sich nicht schlecht; in der Tat schenken viele Männer der »Aufwärm-Zeit« viel zu wenig Aufmerksamkeit. Sie denken gar nicht daran, wie sie ihre Frauen erfreuen und erwärmen können. Aber im Grunde genommen geht es um das Motiv: Tun wir solche Sachen, um schließlich das zu bekommen, was *wir* wollen, oder möchten wir, daß *sie* Vergnügen, Freude und Glück dabei erfährt?

Das bringt uns zur fünften Möglichkeit:

Sie können beschließen, ihr Diener zu sein. Sie können ihren Einwand ernst nehmen, daß sie wirklich müde ist und jetzt etwas anderes braucht, als was Sie im Sinn hatten. Sie wollten ihr ein Steak anbieten, aber sie wünschte diesmal nur ein Glas Milch. So müssen Sie ihr das geben — einen zarten Kuß und ein leises »Gute Nacht«.

Ich nehme an, daß diese Bemerkung: »Ich bin erschöpft!« ehrlich ist und nicht bedeuten soll: »Laß mich bloß in Ruhe, ich kann es nicht leiden!« Wenn es jedoch eine verschlüsselte Bemerkung dafür ist, daß das Sexualleben ihr nicht gefällt, dann wäre das eine andere Sache, die abgeklärt werden muß.

Wie wir alle wissen, müssen oft eine Menge anderer Dinge in einer sexuellen Beziehung gelernt werden. Dazu brauchen wir unser ganzes Leben lang. Ein Problem ist die Häufigkeit des Geschlechtsverkehrs. Aber es gibt noch viele andere: Der Mann muß lernen, vor, während und nach dem Orgasmus zärtlich zu seiner Frau zu sein; er muß lernen, nicht zu früh zu ejakulieren; die Partner müssen für Abwechslung sorgen und sich ehrlich eingestehen, was sie beide mögen und was nicht, und sie müssen den Körper des Partners samt Funktionen richtig kennenlernen — all diese Probleme lassen sich viel leichter lösen, wenn es beiden darum geht, einander zu dienen, als wenn sie nur darauf aus sind, möglichst viel zu erhalten.

Ehemänner und Ehefrauen, die wirklich ihrem Partner Freude machen wollen, müssen bereit sein, auch miteinander über Sex zu reden. Das geht gegen die bisherigen Traditionen. Wir meinen, wenn alles richtig verliefe, gäbe es keinen Grund, über Sex zu diskutieren. Wir möchten es nicht zugeben, daß es irgendein Problem gibt — darum bleiben wir still.

Wie können Sie Ihrer Frau ein schöneres, großartigeres sexuelles Erlebnis schenken, wenn Sie nicht wissen, wo Sie etwas ändern können? Schließlich sind Sie kein Gedankenleser. Seien Sie also offen.

Natürlich ist es ungewöhnlich, inmitten des Geschlechtsverkehrs solche Gespräche zu führen. Es ist hilfreicher, über solche Dinge zu einer anderen Zeit zu sprechen, wenn wir nicht direkt in bestimmten Emotionen stecken. Das Problem liegt jedoch auch darin, daß wir oft gar nicht daran denken, außer wenn wir im Bett sind. Aber dieser Augenblick ist ungeeignet, um das Problem zu lösen.

Aber wir müssen darüber reden. Wir müssen auch darüber lesen. In unserem Zeitalter gibt es keine Entschuldigung, wenn wir nicht über genügend Informationen über den menschlichen Körper verfügen. Ich bin nicht dafür, daß man aufreizende oder pseudowissenschaftliche Schriften darüber liest. Ich meine, wir sollten solche Bücher lesen, die uns die menschliche Anatomie und Psyche erklären, damit wir verstehen können, wie Gott uns zusammengefügt hat.

Und wenn wir fachkundige Hilfe brauchen, dann müssen wir sie suchen und in Anspruch nehmen. Leider gibt es heute viele Eheberater, die nur auf ihrem Schild Eheberater sind, in Wirklichkeit aber keinen hilfreichen Rat geben können, weil sie von falschen Voraussetzungen ausgehen. Aber das ist kein Grund, nicht weiter nach den richtigen Hilfen Ausschau zu halten und auf solche kompetenten Menschen zu hören.

Einige unserer Frauen mögen der Meinung sein, wir würden es niemals schaffen, sie zu »befriedigen«, ohne selbst einen Orgasmus zu haben; wir müßten doch unseren Teil »bekommen« — früher oder später. Haben sie recht, oder irren sie? Das mag von unserer Bereitschaft abhängen, dem Wort Gottes in Eph. 5, 28 gehorsam zu sein: »So sollen auch die Männer ihre Frauen lieben wie ihren eigenen Leib. Wer seine Frau liebt, der liebt sich selbst.«

Periode und Schwangerschaft

Unsere Bereitschaft, uns zu beugen, flexibel zu sein und in erster Linie an die Bedürfnisse unserer Frau statt an unsere eigenen zu denken, wird durch die monatliche Periode unter Beweis gestellt. In einer Hinsicht ist es ein Test für unsere Geduld; denn für eine Zeitspanne von etwa vier bis fünf Tagen ist sie einfach »nicht zu haben«.

Das kann für uns frustrierend sein, denn vielleicht haben wir gerade in dieser Zeit Lust auf einen Geschlechtsverkehr. Wir haben keine Lust mehr zu warten. Eine Lösung mag natürlich darin liegen, daß die Frau dem Mann zum Orgasmus verhilft und selbst darauf verzichtet, wenn sie das will. Aber dabei muß die Initiative von ihr ausgehen.

Unsere Wünsche sind natürlich gering im Vergleich zu dem Streß und dem Unbehagen, den unsere Frauen während dieser

Zeit ertragen müssen. Und wir vergessen immer wieder, wie der Hormonspiegel während des monatlichen Zyklus bei unseren Frauen steigt und fällt und daß damit verbunden auch Drepressionen und Gefühlsschwankungen auftreten können. Dann sagt meine Frau schon einmal: »Du kannst das überhaupt nicht nachfühlen« — und sie hat recht. Wir können das auch nicht. Aber wir können lernen, ihr das Leben zu erleichtern. Wir bereiten uns das Frühstück selbst zu, damit sie ein bißchen länger schlafen kann, oder wir verschieben einige eilige Dinge oder sprechen während dieser Zeit nicht mit ihr über unangenehme Rechnungen und dergleichen, die sie aufregen könnten — so können wir dazu beitragen, ihr diese Zeit zu erleichtern, vor allem in den ersten Tagen. Und ein bißchen auf die Liebe warten, wird uns nicht umbringen!

Es gibt für uns noch einen viel größeren Test, unsere Bedürfnisse zurückzustecken — das ist eine Schwangerschaft. Die physiologischen Veränderungen in ihrem Körper bringen auch drastische psychologische Veränderungen mit sich. Sie wird vielleicht launisch oder irrational oder plötzlich fordernd. Oder sie bricht grundlos in Tränen aus. Ihr Verhalten mag uns befremden und verwirren. Doch müssen wir uns immer wieder daran erinnern, daß solche Dinge bei einer schwangeren Frau normal sind. Genau wie Sie psychologische Veränderungen während der Periode Ihrer Frau gestatten müssen, müssen Sie das für die Zeit der Schwangerschaft tun.

Wir sind wirklich nicht in der Lage, das nachzuvollziehen, was während der Schwangerschaft bei einer Frau vor sich geht. Sie nimmt zwanzig bis dreißig Pfund zu, muß sich auf eine kleinere, weniger modische Garderobe beschränken, ist oft müde, gerät leicht außer Puste, findet in der letzten Zeit der Schwangerschaft keine bequeme Schlafposition mehr, muß fünfzehnmal am Tag (und in der Nacht) auf die Toilette gehen — es ist wirklich kein Urlaubsvergnügen, schwanger zu sein! Viele dieser Begrenzungen verletzen uns als Ehemänner. Sie kann nicht mehr soviel tun, wie sie es gewohnt war, und kann nicht mehr alle Orte mit uns aufsuchen wie bisher und wie sie es gerne möchte. Und je weiter die Zeit voranschreitet, desto frustrierender wird es für beide.

Zu solchen Zeiten müssen wir uns daran erinnern, wessen Samen dies bewirkt hat! Es ist anzunehmen, daß es unsere gemeinsame Entscheidung war, ein Kind zu zeugen. Aber selbst wenn es eine Überraschung war, geschah es nicht ohne Sie! Sie können nur froh sein, daß nicht beide Elternteile gleichermaßen die Last haben, den Fötus auszutragen.

Etwa drei Monate müssen Sie auf den Geschlechtsverkehr verzichten — sechs Wochen vor der Niederkunft und etwa sechs Wochen nach der Geburt. Doch diese Wartezeit überlebt man. Sie stellen zwar Ihre persönlichen sexuellen Wünsche zurück, erleben dabei aber, wie Sie dem großen, freudigen Ereignis immer näher kommen und wie Sie Ihre Frau begleiten können bis hin zur aufregendsten Erfahrung ihres Lebens, der Geburt eines Kindes.

Wenden Sie sich während der Geburt nicht von Ihrer Frau ab, sondern nehmen Sie an diesem großen Wunder der Menschwerdung teil. Ich werde Lamaze immer sehr dankbar dafür sein, daß es diese natürliche Vorbereitung auf die Geburt gibt und daß ich dadurch fähig wurde, Grace durch die Entbindungen hilfreich zu begleiten. Nathan brauchte siebenundzwanzig Stunden, bis er endlich da war — und ohne Lamaze weiß ich nicht, ob er das überlebt hätte. Während ich am Nachmittag und die ganze lange Nacht hindurch im Kreißsaal saß und Grace Anweisungen gab, wie sie atmen sollte, um ihre Schmerzen unter Kontrolle zu halten, fühlte ich mich ihr niemals näher als gerade dann. Als dann am nächsten Morgen um 7.20 Uhr alles hinter uns lag, war ich fast ebenso erschöpft wie sie. Später schrieb ich einen Bericht über diese Zeit:

»Ich fuhr an jenem hellen, aber windigen Morgen vom Krankenhaus nach Hause. Das Haus war still, als ich ankam . . . Nach einer halben Stunde, die ich mit Telefonieren verbrachte, verließ ich das Haus wieder und fuhr zu einem Restaurant, um dort Pfannkuchen zu essen.

Vor mir wurde eine Ampel rot. Ein Polizeiauto hielt den Verkehr mit roten Scheinwerfern an, damit ein Beerdigungszug gut durchkommen konnte. Ich saß in meinem Auto, betrachtete den Leichenwagen, diese schwarze Limousine, der zwanzig oder mehr Autos mit Trauernden folgten, alle mit Scheinwerfern an — und ich dachte über Geburt und Tod nach und wie sich beides am gleichen Tag ereignete. Der kleine Nathan, gerade erst drei Stunden alt — und jemand anders, bereits drei Tage tot . . .

Im Restaurant waren kaum Leute. Ich saß irgendwo in einem Eckchen allein. Ich beobachtete die Menschen um mich her: ein Geschäftsmann in seinem Anzug, etwa 195 Pfund schwer, ein Junge in Jeans, etwa 160 Pfund schwer, die Kellnerin in ihrer Dienstkleidung, etwa 125 Pfund schwer. Ich machte mir Gedanken darüber, daß jeder von ihnen an einem bestimmten Tag zur Welt gekommen war, klein und blutig entbunden und ihrer Familie geschenkt worden waren. Und nun — wie konnten sie nur alle so gewöhnlich werden?

Ich hatte meine Pfannkuchen aufgegessen und ging einkaufen; ich kaufte eine Karte für Nathan, bestellte Blumen und ließ mein Auto waschen. Dann fuhr ich nach Hause, hielt einen ungewöhnlich langen Mittagsschlaf und stellte meinen Wecker auf halb zwei Uhr, um eine Stunde später zur Besuchszeit im Krankenhaus zu sein.«

In jenen Stunden waren alle Probleme der Schwangerschaft vergessen — auch für Grace. Wir waren wirklich »Miterben der Gnade des Lebens« (1. Petr. 3, 7) — und das war entzückend.

Versuchung

Von diesen Gefühlen erwacht der Ehemann spätestens dann, wenn das Baby aus dem Krankenhaus nach Hause kommt und in der Nacht um 2.00 Uhr seine Nahrung haben möchte. Das Kind ist zu Hause viel weniger engelhaft als im Krankenhaus, wo es von drei aufmerksamen Krankenschwestern betreut wurde, die die lästige Arbeit taten.

Ähnlich schwierige Zeiten gibt es auch immer wieder in der Ehe, in denen wir weniger von unseren Frauen begeistert sind als zu anderen Zeiten. Es ist eine unangenehme, aber nicht zu leugnende Tatsache, daß wir uns alle mit Versuchungen auseinandersetzen müssen, die außerhalb der Ehe liegen. Wir alle.

Ein Freund von mir schaute eines Tages zum Fenster hinaus auf den neuen »Wagen« des Nachbarn. »Schau dir das an!« rief er seinem achtjährigen Sohn Tommy zu. »Ist das nicht ein tolles Auto? Mensch, wäre ich froh, wenn ich dieses Auto hätte!«

Tommy, dessen letzte Sonntagsschullektionen aus dem Buche Exodus waren, war erschüttert. »Vati«, tadelte er, »du sollst dich nicht gelüsten lassen!«

Er vermischte das siebte und zehnte Gebot. »Laß dich nicht gelüsten« bezieht sich ebenso auf andere Frauen als auch auf die Autos anderer. In jedem Fall wissen die meisten von uns, wo ihre Hauptschwierigkeiten liegen. Die Schwierigkeit aber liegt darin, unser Streben und unsere Wünsche mit unseren moralischen Werten in Übereinstimmung zu bringen.

Ein häufiges Alibi ist dieses: »Ich verdiene ein bißchen Aufmerksamkeit und Bewunderung, weil meine Frau ein kalter Klotz ist. Wenn sie ein bißchen mehr Schwung hätte und mich mehr umschwärmen würde, würde ich die Sekretärinnen während der Arbeit überhaupt nicht zur Kenntnis nehmen.«

Sie werden immer wieder die Erfahrung machen, daß es spritzigere, jüngere, interessantere, reizendere Frauen gibt als Ihre Ehefrau. Das ist unvermeidlich. Aber Sie haben keine Ahnung, wie diese Frauen morgens früh um halb sieben aussehen. Um diese Zeit kennen Sie nur Ihre eigene Frau — und diese beiden nun miteinander zu vergleichen, ist unfair.

Die allermeisten Frauen können in ihrer Figur nicht mit den Hollywood-Stars Schritt halten — und doch sind deren Untreue und Scheidungsprobleme skandalös. Das zeigt, daß die Stabilität einer Ehe nicht vom Sexappeal, nicht von der Figur etc. abhängt, sondern ganz allein von der Liebe und Hingabe füreinander.

Die Liebe und Hingabe sollten ein Leben lang bestehen bleiben und die Versuchungen überstehen. Sie bleiben bestehen, egal wohin mich eine Geschäftsreise führen mag; meine Frau weilt vielleicht auf der anderen Seite des Kontinents, aber ihre Hingabe an mich und meine an sie begleiten mich. Ein gewaltsamer Bruch dieser Hingabe — durch einen Film, Literatur oder eine Tat — hinterläßt tage- und wochenlange Spuren, selbst wenn die Sache geheim gehalten wurde.

Die Heilige Schrift hat einige starke Warnungen dazu, und wir tun gut daran, sie oft zu lesen. 1. Thessalonicher 4, 3—6 steht eine davon: »Denn das ist der Wille Gottes, eure Heiligung, daß ihr meidet die Unzucht und ein jeglicher unter euch sein eigen Weib zu gewinnen suche in Heiligung und Ehrbarkeit, nicht in gieriger Lust wie die Heiden, die von Gott nichts wissen; und daß niemand zu weit gehe und betrüge seinen Bruder in solcher Sache; denn der Herr ist ein Rächer über das alles, wie wir euch schon zuvor gesagt und bezeugt haben.«

Paulus schrieb an Timotheus: »Fliehe die Lüste der Jugend . . .« (2. Tim. 2, 22). Bleiben Sie nicht in einer gefährlichen Situation stehen, um auch nur eine Minute darüber nachzudenken — laufen Sie weg!

Die stärksten Aussagen finden wir in Sprüche 2, 16—19 und Kapitel 5, dann Kapitel 6, 20 bis zum Ende von Kapitel 7 und 9, 13—18 — insgesamt mehr als 75 Verse. Es scheint ironisch, aber doch bezeichnend, daß der Weltmeister in Polygamie sehr bekümmert sein soll über ein reines Sexualleben! Salomo war nicht prüde, aber selbst er wußte, daß eine außereheliche Beziehung nichts bringt als Schwierigkeiten.

So steht in Sprüche 7, 22—23: »Er folgt ihr alsbald nach, wie ein Stier zur Schlachtbank geführt wird, und wie ein Hirsch, der ins Netz rennt, bis ihm der Pfeil die Leber spaltet; wie ein Vogel zur Schlinge eilt und weiß nicht, daß es das Leben gilt.«

Wir haben alle Männer gekannt, vielleicht sogar enge Freunde, die auf tragische Weise die Wahrheit dieser Verse am eigenen Leibe erfahren haben. Wir haben erlebt, wie Karrieren zerbrachen, geistige Gesundheit zertrümmert wurde und Kinder verstört wurden. Und das Schlimme ist: Wir wissen, daß auch wir nicht vor einem solchen Fall gefeit sind. Wir sind ebenso zu allem fähig, wie alle anderen auch.

Vielleicht brauchen wir gar nichts anderes zu tun, als das zuzugeben, daß wir alle Ehebrecher sind, so wie Jesus das gesagt hat. Wer von uns schaut niemals eine Frau an und begehrt ihrer, wie es in Matth. 5, 28 steht? Wir wissen alle sehr gut, was in unseren gedanklichen Vorstellungen vor sich geht und wie wenig wir tun, um das abzustellen. Ich meine nicht, daß wir jeden Abend in Gegenwart unserer Frauen beten sollten: »Herr, vergib mir meinen Ehebruch«, aber es ist eine Sünde, die bekannt werden muß. Jesus wußte genau, daß wir nie eine Tat tun, die wir nicht zuvor in unseren Gedanken durchdacht haben. Deshalb ist er so streng mit unseren Gedanken. Das fordert uns zu höchster Wachsamkeit heraus.

Wenn der Liebesakt wirklich eine Erfahrung des Gebens ist, wovon träumen wir dann noch, es irgend jemand anderem zu geben als unserer Frau? Wir können nur Spannung, Schuldgefühle, Unsicherheit und Besorgnisse geben.

Aber unseren Frauen können wir Sicherheit geben, Liebe, Entspannung, Bestätigung und schließlich auch Vergnügen. Wir können ihr auch zur Erfahrung der Mutterschaft verhelfen, die sie in einem Rahmen der Freude und Geborgenheit erleben kann. Wir können sie (und uns selbst) über die Leidenschaften der Anatomie hinausheben bis zur äußersten Verschmelzung von zwei Personen, die ein Fleisch werden . . . ebenso wie ein Sinn und ein Geist. Das sind unbeschreibliche Gaben, wenn Sie innehalten, um dafür zu danken, und sie können von niemand sonst gegeben werden als vom Ehemann.

10. Freizeit

Manchmal braucht man einfach Entspannung. Ein Mann braucht Zeit, um sich zu erholen, seine Verantwortungen zu vergessen und das zu tun, was ihm Spaß macht.

Was braucht man dazu noch zu sagen? Es ist doch alles klar! Lassen Sie uns doch noch einen Augenblick das Thema aufgreifen. Es stimmt, daß ein Erwachsener ganz gut weiß, wie er ein gewisses Maß an Freizeit gestalten kann. Es stimmt auch, daß jeder einzelne Erwachsene freie Zeit braucht, um sich zu erholen, zu entspannen, neue Kräfte zu sammeln für Geist, Seele und Leib. Das ist einer der Gründe, weshalb Gott den Sabbat einführte.

Wir Nordamerikaner erkennen diese Notwendigkeit sehr gut. Deshalb geben wir Milliarden von Dollars jedes Jahr zur Entspannung aus. Wir haben unsere Arbeitszeit auf vierzig oder weniger Stunden pro Woche reduziert, um mehr freie Zeit zu haben.

Doch viel Freizeit haben, ist auch nicht das Allheilmittel. Freizeit ist wichtig auf dem Hintergrund anderer Lebensbereiche. Und diejenigen von uns, die ihr ganzes Leben unter dem Aspekt Familienleben gestalten, sehen Freizeit auch als eine Familienangelegenheit. So wie wir Führer/Diener so vieler anderer Gebiete sind, so sind wir auch Führer/Diener in dieser Hinsicht. Das bedeutet aber keineswegs, daß wir diese freie Zeit nach unseren eigenen Vorstellungen planen, so daß sie uns alleine Vergnügen bereitet. Weil wir Frauen und vielfach auch Kinder haben, müssen wir immer versuchen, allen gerecht zu werden. Nachfolgend befindet sich eine Aufstellung, die Ihnen helfen will zu erkennen, wie Sie Ihre Freizeit verbringen. Schreiben Sie zehn Dinge auf, die Sie normalerweise tun, aber nicht notwendigerweise in der Reihenfolge ihrer Vorliebe. Schreiben Sie sie so schnell nieder, wie sie Ihnen in den Sinn kommen. Wenn Sie zehn Punkte aufgeschrieben haben, können Sie sicher sein, daß Sie Ihre Lieblingsbeschäftigungen eingeschlossen haben.

Und nun gehen Sie zum ersten Punkt zurück, und kreuzen Sie für jede Eintragung ein Kästchen an. Wenn es eine Aktivität ist, die Sie *allein* ausüben — Arbeit am Auto zum Beispiel oder das Lesen einer Zeitschrift — dann streichen Sie Spalte A an.

Ist es etwas, das Sie mit einem *Familienmitglied* — oder auch mit mehreren — tun (Ballspielen mit Ihren Kindern oder mit Ihrer Frau, auswärts essen gehen, dann streichen Sie Spalte F an.

Ist es etwas, das Sie *ohne Familienangehörige* tun — wie z. B.
CVJM am Montagabend oder ein Instrument im Orchester spielen — dann streichen Sie O in der entsprechenden Stelle an.

WIE ICH MEINE FREIZEIT VERBRINGE

	A	F	O
1.			
2.			
3.			
4.			
5.			
6.			
7.			
8.			
9.			
10.			

Wie sieht Ihre Aufstellung aus? Mit wem verbringen Sie hauptsächlich Ihre Freizeit? Wenn Sie in der mittleren Spalte nicht viel Eintragungen gemacht haben, was sagt Ihnen das?

In vielen Ehen ist ein großer Unterschied zwischen Ehemann- und Vater-Sein einerseits und Freizeit andererseits. Beide Ehepartner haben Verständnis dafür, daß der Ehemann etwas Zeit zum Ausspannen braucht. Doch ist das etwas anderes, als wenn er ständig allein ausgeht. Viele Familien einigen sich darauf, daß der Mann einmal wöchentlich mit seinen Freunden ausgeht.

Lassen Sie es mich wiederholen: Es ist ganz und gar nicht verkehrt, wenn ein Mann sich dazwischen einmal bei ganz persönlichen Beschäftigungen alleine erholt oder mit Menschen, die nicht zu seiner Familie gehören. Aber es ist ein großes Problem, wenn er alle Zeit nach dem Feierabend mit eigenem Vergnügen zubringt. Das ist weder hilfreich noch fair. Ein Mann kann die schönste und vergnüglichste Zeit mit seiner Familie erleben. Eine Menge hängt dabei aber von seiner eigenen Sichtweise ab.

Fernsehen und andere vergnügliche Beschäftigungen

Sie sind eine Rarität, wenn Fernsehen auf Ihrer Liste nicht zu den entspannenden Aktivitäten gehört. Und wo haben Sie das Fernsehen eingeordnet?

Selbst wenn die ganze Familie sich im gleichen Zimmer aufhält, vielleicht noch alle Familienmitglieder auf der gleichen Couch sitzen und in die gleiche Tüte Kartoffelchips greifen, während Sie fernsehen, ist das noch lange keine Kommunikation. Die Ansprache kommt vom Fernsehen. Sie, Ihre Frau und Kinder, nehmen nur auf. Da findet keine Interaktion untereinander statt, höchstens einmal ein gemeinsames Lachen im gleichen Moment. Es gibt keine Möglichkeit, den Leuten im Fernsehen ein direktes »feedback« zu geben (und das mag die Erklärung für die Qualität unserer heutigen Programme sein).

Und wenn das Programm gar noch etwas mit Politik oder Volkswirtschaft zu tun hat, dann ist vermutlich Ihre Frau nicht einmal im Zimmer, um Ihr Brummen zu teilen. Nur, wenn wir gemeinsam ein Programm heraussuchen, was uns beiden zusagt und was wir gemeinsam anschauen wollen, um hinterher darüber zu sprechen, dann kann Fernsehen eine Freizeitbeschäftigung sein, die unsere Gemeinschaft fördert.

Wenn ich von der Arbeit nach Hause komme, dann schaue ich mir mit Vorliebe gern einen Zeichentrickfilm an. Dabei kann ich mich gut entspannen. Das einzige Problem liegt nur darin, daß dies genau die Zeit zwischen halb fünf und der Schlafenszeit unserer Kinder ist. In dieser Zeit sind die Kinder am meisten müde und aufgedreht, haben aber auch die besten Ideen. Es ist die Zeit, wo Eltern ihren Kindern wirklich etwas sein können, um Kreativitäten zu entwickeln und Konflikte zu lösen. Grace hat bis dahin schon eine Menge ihrer Kreativität für die Kinder eingesetzt und freut sich, wenn ich sie ablöse. Aber wenn ich dann nichts anderes sage als: »Nathan, geh in dein Zimmer zum Spielen, ich seh fern«, dann sieht die Sache schlimm aus.

Es gibt gute Möglichkeiten, mich zusammen mit Nathan, Rhonda und Tricia zu entspannen, anstatt allein. Alles hängt davon ab, ob ich bereit bin, ein Diener zu sein oder nicht.

Oft haben Väter Schwierigkeiten, sich »herabzulassen«, um mit ihren kleinen Kindern zu spielen. Aber die Zeit des Spielens ist für Sie und Ihre Kinder keine vergeudete Zeit. Im Spiel erlebt das Kind seine primären Aktivitäten — und wenn ein Vater mit Begeisterung daran teilnimmt, wird zwischen Vater und Kind ein enges Band geknüpft, was für das ganze Leben Wert hat.

Ich erinnere mich an die frühe Zeit meiner Vaterschaft, als mein Sohn erst einige Monate alt war. Es war frustrierend für mich, mit dem Kleinen zu spielen, mich mit ihm zu beschäftigen, während mich gleichzeitig in meiner Rolle als Erwachsener so viele Aufgaben zu erdrücken schienen. Mein Gewissen sagte mir, daß ich mich auf den Fußboden setzen sollte, um mit Nathan Bauklötze aufzurichten, und daß ich nicht warten durfte, bis Nathan so groß war, daß ich mit ihm »vernünftig« Fußball spielen konnte. Aber das war eine innere Auseinandersetzung für mich. Gewiß konnte ich auch, *während* ich Bauklötze aufrichtete, eine Zeitschrift lesen.

Aber das war falsch. Nathan spürte, daß ich nicht wirklich daran interessiert war, mit ihm zu spielen — und ich konnte und mußte zugeben, daß ich gar nicht richtig verstanden hatte, was ich da las oder zu lesen versuchte. Es brauchte einige Zeit, bis ich mir selbst beigebracht hatte, daß die Zeit, die ich mit einem Kind verbrachte, in sich selbst wertvoll ist, eine Aktivität war, die meine ganze Aufmerksamkeit wert ist. Es ist besser, zwanzig Minuten lang zu spielen — und das zu genießen — und anschließend zwanzig Minuten zu lesen, als vierzig Minuten lang zu versuchen, beides gleichzeitig zu tun, wobei weder das eine noch das andere wirklich gut getan wird.

Wenn ein Mann nicht mit seinen Kindern im Kleinkindalter spielen kann, wird er auch Schwierigkeiten bekommen, wenn es eines Tages darum geht, zu seinen Kindern im Teenager-Alter eine gute Beziehung aufzubauen.

Das Schöne an der Sache ist: Wenn die Wichtigkeit auf die richtigen Dinge im Leben verteilt ist, dann wird die Zeit, die wir mit unseren Kindern verbringen, niemals zur mühevollen Arbeit. Es kann wirklich Spaß machen und uns ebenso gut tun wie den Kindern. Frau Ethylene Nowicki, Mutter der berühmten Schlittschuhläuferin Janet Lynn, erzählte mir einmal während eines Interviews, als ich als »Ghostwriter« ein Buch über ihre Tochter schrieb: »Mein Mann und ich trafen sehr früh in unserer Ehe eine Entscheidung: Wir entschlossen uns, daß wir etwa während der ersten zwanzig Jahre alles zusammen *mit* unseren Kindern tun wollten. Wir sagten, daß es später noch genug Zeit für uns allein geben würde, aber während die Kinder heranwuchsen, wollten wir unsere Zeit in das Leben unserer Kinder investieren.«

Wenn wir das betrachten, was an Resultaten bei den Nowickis zu sehen ist — nicht nur bei Janet, auch bei den anderen drei Kindern —, dann ist offensichtlich, daß ihre Entscheidung sich gelohnt hat. Es war den Eltern kaum klar, wie wichtig das für ihre Kinder war.

Der Urlaub

Eine besondere Zeit zur Erholung und Entspannung ist natürlich der jährliche Urlaub. Zu keiner anderen Zeit haben wir so viele Stunden Freizeit hintereinander. Aber Urlaub kann ein gemischter Segen sein. Die Psychologen sagen uns, daß Ehepaare niemals im Jahr soviel argumentieren und streiten wie im Urlaub. Das ist nicht schwer zu verstehen. Die häufigsten Dispute hängen zusammen mit:

— *Geld.* Mit vollen Händen wird das Geld ausgegeben . . . das Budget wird vergessen . . . das ganze Jahr über wurde dafür gespart . . . wir wollen eine wirklich schöne Zeit haben usw. Natürlich gibt es eine Grenze des Geldausgebens auch im Urlaub, für den man lange gespart hat. Nicht immer können jedermanns Wünsche jederzeit erfüllt werden. So müssen strenge Entscheidungen getroffen werden, die niemand rückgängig machen darf.

Die finanziellen Probleme sind zweifellos die Ursache für die Vorliebe zum Camping in den letzten Jahren. Der Vorteil beim Camping ist, daß Sie sich entspannen und viel gemeinsam unternehmen können, ohne bei jeder Gelegenheit viel Geld ausgeben zu müssen. Gewiß kostet die Camping-Ausrüstung eine Menge Geld, aber eines Tages ist auch das bezahlt, und sie gehört Ihnen. Die Benutzung des Campingplatzes kostet im allgemeinen nicht sehr viel. Manchmal kann man sich auch eine Camping-Ausrüstung leihen oder mieten. Jedenfalls hat Camping manche Vorteile für Mann, Frau und Kinder; denn die Einrichtung eines Campingwagens hat ebenfalls alle Erleichterungen der Technik. Und weil man auf engem Raum lebt, läßt sich das Geschirrspülen, Bettenmachen und dergleichen recht gut gemeinsam tun und verbindet untereinander ganz stark.

— *Erziehung der Kinder.* Während der anderen fünfzig Wochen des Jahres sind wir nicht zu Hause, während unsere Frau die Kinder erzieht. Wir kriegen das nicht mit, wie sie mit den Kindern den Tag über umgeht. Plötzlich haben wir die Kinder rund um die Uhr um uns herum. Wir entdecken, daß die Reserven unserer Geduld längst nicht so groß sind, wie wir dachten.

Und die Geduld ist weitaus notwendiger, wenn Sie den ganzen Tag mit Ihren Kindern zusammen im Wagen sind, als in Ihrem eigenen Haus. Eine lange Autofahrt kann ganz schön nervenaufreibend sein, wenn der Ehemann nicht einfühlsam genug ist, an folgendes zu denken:

1. Häufiges Anhalten. Kinder können nicht so lange im Auto bleiben. Sie müssen zwischendurch aussteigen und Bewegung haben. Darum denken Sie an Ihre Kinder. Wenn nicht, dann bringen Sie Ihre ganze Familie zur Verzweiflung.

2. Spiele und Beschäftigungen während der Fahrt. Grace und ich haben einige Freunde, die ihre Kinder ihre eigenen »Spaß-Pakete« mit Spielen und dergleichen packen und mitnehmen lassen. Eltern tun aber gut daran, außerdem noch etwas Besonderes für die Kinder einzustecken.

3. Einfache Unterhaltung. Warum sind so viele von uns schweigsam hinter dem Steuer? Fahrzeit ist eine großartige Zeit, sich über belanglose, einfache Dinge zu unterhalten, aber auch über besondere Themen, geistliche Angelegenheiten, ja, über alles. So geht die Zeit viel schneller vorbei.

— *Auswahl von Aktivitäten und Orten.* Es ist wichtig, die Vorstellungen der einzelnen so miteinander zu kombinieren und auf einen gemeinsamen Nenner zu bringen, damit jeder wirklich Freude im Urlaub hat. Auf keinen Fall dürfen Sie leere Versprechungen machen, die Sie nicht einlösen können.

Vielleicht läßt es sich so regeln, daß Sie in diesem Jahr den Wünschen des einen, im nächsten den Wünschen des anderen und im dritten schließlich noch den restlichen Wünschen nachkommen, wenn sich nicht alles auf einmal miteinander befriedigend verbinden läßt.

Natürlich können Sie auch die Familie aufteilen. Eines Ihrer Kinder, das schon im Teenager-Alter ist, könnte vielleicht zu einer Freizeit gehen oder zum Camping mit Freunden oder Verwandten, während Sie und Ihre Frau in unterschiedliche Richtungen reisen. Wenn Ihre Kinder noch sehr jung sind, dann ist es nicht gut, sie auf längere Zeit und größere Entfernung von der Familie zu trennen, dann sollten Sie lieber irgendwo in der Nähe bleiben, um schnell erreichbar zu sein. Und manche Wünsche müssen vielleicht nicht für einen langen Urlaub verwirklicht werden, sie eignen sich auch für ein schönes Wochenende. Für ein Wochenende können Sie sich auch eher von Ihren vielleicht noch kleineren Kindern trennen. Machen Sie also lieber mehrmals im Jahr einen Wochenendurlaub zusammen mit Ihrer Frau irgendwo in einem nahegelegenen Hotel.

Wir müssen auch vorsichtig sein, damit das viele Zusammensein in einem gemeinsamen Urlaub nicht verwirkt wird. Manche Eltern nutzen die Gelegenheiten Sommer für Sommer aus, ihre Kinder woanders hin in Ferien zu schicken. Doch gibt es so viele Dinge, die wir gemeinsam tun könnten und die die Familienverbundenheit verstärken würden. Das würde uns allen wirklich gut tun.

Urlaubszeiten bringen für unsere Frauen mehr Umstellungen als für unsere Kinder und für uns selbst. Warum? Weil die Frauen die Hauptverantwortung für die Haushaltsangelegenheiten tragen ... sieben Tage pro Woche. Wir genießen am Ende jeder Woche einen oder zwei Tage »Urlaub«, wo wir zeitweilig unsere Arbeit vergessen können. Nicht so die Hausfrau. Sie hat es am nötigsten, einen Tapetenwechsel und überhaupt Abwechslung zu bekommen. Im Grunde ist der Urlaub nur ein Bruchteil der Erleichterung, die sie braucht. Wochenendausflüge und Essen im Restaurant sind für sie eine noch größere Erholung als für uns. Sie müssen gar nicht teuer sein. Grace und ich verbrachten einen herrlichen Tag an meinem Geburtstag, der nahezu kostenlos war. Wir gingen in zwei Museen, zu einer Fotografie-Ausstellung und machten einen Schaufenster-Bummel. Setzen Sie sich doch einmal hin und schreiben Sie auf, was Sie alles miteinander tun und erleben können für weniger als 10 Mark.

Aber Sie können ebenfalls schöne, wertvolle Zeiten an regnerischen Samstagen zu Hause erleben und müssen gar nicht unbedingt im sonnigen Hawaii sein. Wenn wir der Freizeit den richtigen Platz in unserem Leben geben und alles Ernste und Frohe in unserem Leben ausbalancieren, dann werden wir nicht mehr länger nur für uns selbst leben, sondern wir werden glücklicher, entspannter und integrierter in unserer Familie sein.

11. Krankheit

Was verursacht Streß? Vor nicht langer Zeit versuchten ein paar Ärzte diese Frage zu beantworten. Sie studierten die am meisten verbreiteten Ursachen, die Dinge, die uns stören — und sie versuchten, darüber eine Aufstellung zu machen.

Was dabei herauskam, war eine Liste von zweiundvierzig Ereignissen, die vom Tod eines Ehepartners (100 Punkte) bis zu einer minimalen Gesetzesübertretung reichten (11 Punkte). Wenn Sie die Liste durchgehen und die einzelnen Punkte mit den Ereignissen vergleichen, die Sie in Ihrem letzten Jahr erlebten, dann bekommen Sie eine Idee von dem, was sich in Ihrem Inneren abgespielt hat und ob Sie dadurch gefährdet sind oder nicht.

Es ist bezeichnend, daß beide Professoren persönliche Verletzungen oder Krankheit annähernd an die Spitze stellten — 53 Punkte. Die einzigen Dinge, die noch davor rangierten, also vor Verletzung oder Krankheit, waren eheliche Trennung oder Scheidung, eine Gerichtsverhandlung und der Tod eines engen Familienangehörigen. Weniger umwerfend ist eine Heirat (50 Punkte), eine Entlassung am Arbeitsplatz (47 Punkte), eine Wiedervereinigung mit einem getrennten Ehepartner oder eine Pensionierung (jeweils 45 Punkte). Und sehr bald danach folgt der Wechsel des Gesundheitszustandes eines Familienangehörigen (44 Punkte).

Das wußten wir alle schon, nicht wahr? Wir hassen es, wenn wir selbst krank sind, und wir hassen das, was passiert, wenn jemand aus der Familie erkrankt. Wir hassen alles, was mit Krankheit zu tun hat. Wir hassen die Krankheit so sehr, daß wir alles nur Mögliche tun, um sie zu vermeiden — wir nehmen Vitamine ein oder bestehen darauf, daß unsere Kinder einen warmen Mantel anziehen, wenn es draußen kalt ist, selbst wenn sie das noch gar nicht für nötig halten, weil die winterliche Kälte vielleicht noch nicht so schrecklich kalt ist. Aber wir fürchten Halsentzündungen und alles Mögliche, was wir gerne vermeiden möchten. Aber das ist noch nicht genug. Wir werden trotzdem krank. Nicht so oft, wie die Menschen in früheren Zeiten, und auch nicht so oft, wie es sein würde, wenn wir weniger vorsichtig wären, aber es kommt doch immer wieder vor. Und es trifft uns hart.

Warum ist es so hart?

Wenn jemand in Ihrem Haus sich mit Grippe oder einer schwerwiegenden Krankheit ins Bett legen muß, dann bringt das große Veränderungen mit sich. Wenn wir selbst die Kranken sind, erkennen wir das gar nicht, weil wir uns viel zu elend fühlen. Wenn ein anderer der Familie krank ist, kann er seinen Teil zum Haushalt nicht mehr beitragen. Wenn der Haushalt aus zwei Personen besteht, bedeutet das einen Verlust von 50 Prozent!

Alles wird mühsam. Wenn Ihre Frau im Bett liegt, muß jemand anders — wahrscheinlich Sie — kochen. Wenn Sie im Bett sind, muß jemand anders dafür sorgen, daß das Auto Benzin hat. Wenn Ihr Sohn krank ist, muß jemand anders die Zeitungen austragen. Alle diese ungewöhnlichen Situationen verursachen Druck und Bedrückung, die uns sonst erspart bleiben. Das aber ist eine besondere Prüfung unserer Bereitschaft, »einander in Liebe zu dienen« (Gal. 5, 13).

Viele von uns Männern haben ganz besondere Schwierigkeiten, ein Ja zur Krankheit zu finden, weil wir meinen, daß unsere Leistungsfähigkeit die der anderen Familienmitglieder übertreffen muß. Ununterbrochen denken wir daran, wie wir unsere Arbeit noch schneller getan kriegen. Leistung ist ein Schlüsselwort für uns.

So ist es nicht schwer einzusehen, daß Krankheit für den Lebensstil eines Mannes ein viel größeres Problem ist als für alle anderen Familienmitglieder. Wenn wir krank werden, bedeutet das, tagsüber zu Hause im Bett zu liegen. Wir haben sonst nie gesehen, was sich um unser Haus herum um halb elf am Vormittag abspielt oder am Mittag oder nachmittags um drei Uhr. Wir fühlen uns hilflos. Wenn schließlich unsere Frauen oder Kinder krank werden, bleiben sie weiterhin in vertrauter Umgebung. Wir aber befinden uns außerhalb unserer alltäglichen Umgebung, und wir machen uns ständig Sorgen um unsere Arbeit an der Arbeitsstelle.

Dazu kommt das traditionelle männliche Selbstverständnis von Kraft, Stärke und Unabhängigkeit. Viele von uns können es nicht ertragen, schwach oder hilfsbedürftig zu sein. Wenn uns also eine Krankheit trifft, werden wir unerträglich. Wir wissen, daß wir jetzt nicht so aussehen wie große, starke Männer — und das belastet uns. Unser Ego ist geprellt.

Erinnern Sie sich an die Geschichte von Nebukadnezar im Alten

Testament? Zu einem bestimmten Zeitpunkt schickte ihm Gott verschiedene geistige und körperliche Schmerzen »... bis du erkennst, daß der Höchste Gewalt hat über die Königreiche der Menschen und sie gibt, wem er will« (Dan. 4, 22). Ist es nicht auch möglich, daß Gott uns die gleiche Lektion erteilt, um uns wieder zur richtigen Größe zu bringen?

Wenn wir krank sind, müssen wir unseren Teil zum Gesundwerden beitragen und gegen die Entmutigung und negative Einstellung zur Krankheit ankämpfen, gegen all das, was in uns steckt, wenn wir krank sind.

Es liegt an uns Ehemännern, ob Krankheiten in unserer Familie eine Katastrophe sind. Wir können die Situation als eine große Tragödie bezeichnen, oder als eine gut zu meisternde Schwierigkeit, mit der wir zurechtkommen werden. Wir können die Sache übertreiben oder sie so sehen, wie sie wirklich ist. Wir können es einen sadistischen Schlag eines launischen Gottes nennen, oder wir können zugeben, daß wir Menschen nicht immer den Grund verstehen und auch nicht verstehen müssen, warum uns eine schlimme Krankheit trifft.

Natürlich gibt es auch reale Unterschiede in der Schwere einer Krankheit. Wir können nicht von Kreislaufstörungen sprechen, wenn der Arzt die Diagnose Leukämie stellt. Und diese Krankheit ist natürlich sehr ernst. Aber eine Blinddarmentzündung ist beispielsweise nicht das Ende der Welt. Meine Frau und ich ergänzen uns ganz gut auf diesem Gebiet, weil ich eher untertreibe, meine Frau dagegen übertreibt. In meiner Kindheit gingen wir selten zum Arzt. Man war der Meinung, je weniger Aufmerksamkeit man der Krankheit schenkte, desto weniger wurde man ernsthaft krank. In der Familie meiner Frau dagegen sprach man viel über Krankheiten.

So haben wir manche Meinungsverschiedenheit darüber gehabt, wie einzelne Symptome zu bewerten seien. Bis heute reagieren wir oft unterschiedlich, aber wir arbeiten daran. Wenn das Baby zwei- oder dreimal nachts schrie, dann war ich der Meinung, es bekomme sicher Zähnchen oder hatte einen schlechten Traum. Meine Frau aber meinte, das Kind müßte zum Kinderarzt, da es sich vielleicht um eine Ohreninfektion handeln könnte, die medikamentös kuriert werden müßte.

Wenn unsere Kinder krank sind, denken wir automatisch: Nun gut, meine Frau wird sich schon darum kümmern. Das liegt ihr mehr. Nein, kein bißchen mehr als uns! Ernsthafte Untersuchungen ergaben, daß beide Geschlechter gleich »einfühlsam« sind. Wir können also, wenn wir wollen, ebenso liebevoll reagieren, wenn wir dem Schmerz, dem Fieber und der Krankheit begegnen.

Aber gleizeitig mit unserem Einfühlungsvermögen müssen wir auch die Genesung im Blick haben. Es muß eine Balance bestehen zwischen »Du armer Liebling« und »Es ist nicht so schlimm«. Es ist eine wichtige Aufgabe, die kranke Person wissen zu lassen, daß sie nicht alleine ist und daß wir uns von Herzen um sie kümmern, weil wir mitleiden und den Schmerz mit ihr teilen. Aber ebenso wichtig ist es, die Hoffnung auszudrücken, daß alles wieder gut werden wird.

Es ist großartig, wieviel verschiedene Weisen es für Gott gibt, Heilung zu schenken. Er hat in unseren Körper die Fähigkeit gelegt, sich wieder zu erholen. Er gab uns die weißen Blutkörperchen, die die Bakterien töten, die Möglichkeit der Hauterneuerung usw. — all das ist schöpfungsmäßig in uns gelegt. Er hat uns aber auch alle möglichen Dinge gegeben, die wir für die Medizin nutzen können. Und Gott kann über alles medizinische Können direkt und auf übernatürliche Weise heilen. Er ist ein Gott vieler Möglichkeiten. Und weil er ein liebender Vater ist, sieht er seine Kinder nicht gerne leiden. Deshalb macht er von seinen vielfältigen Möglichkeiten Gebrauch, um uns zu helfen.

Es ist nur natürlich, daß wir als irdische Ehemänner und Väter unsere Nöte vor Gott ausbreiten und ihn um Heilung bitten. Viel ist in unserem Jahrhundert über die Methoden göttlicher Heilung verbreitet worden — *wie* Gott unsere Gesundheit erneuert. In meiner Familie war es üblich, nur Gott um Heilung anzurufen und keinen Arzt zu Rate zu ziehen. Andere Christen sind genau umgekehrt geprägt worden. Ihnen wurde gesagt, daß Gott heute nicht mehr direkt, sondern nur noch indirekt über die Ärzte heilt und daß jedes Gebet um Heilung zwecklos ist. Nun, Gott kann — und wir erleben es laufend — den menschlichen Körper auf diese Weise heilen, wie es ihm gefällt. Bibelstellen wie Jakobus 5, 14—18 sagen klar und deutlich, daß wir beten sollen, wenn wir krank sind, und auch andere um Fürbitte bitten sollen. Aber nirgendwo in der Schrift wird uns gesagt, daß das die einzige Methode sei, daß Gott immer so heilt und daß Gott nicht auch auf andere Weise heilen kann und will.

Wenn wir das Gebet des Glaubens beten, dann wird die Atmosphäre in unserem Hause davon bestimmt werden, und Krankheit wird in einem neuen Licht gesehen. Das Gebet des Glaubens ist dann ein Symbol der Hoffnung. Es ist eine positive Stimme inmitten negativer Erfahrungen. Dadurch erinnern wie uns selbst daran, daß noch nicht alles verloren ist und daß das Übernatürliche möglich wird. Gott unser Vater hat ja alles in seiner Hand.

Als Ehemann entdecke ich manchmal, daß ich viel zu lange damit warte, auch für die kleinen Krankheiten, die so hier und da auftreten, um Heilung zu beten. Meistens denke ich, daß sie von selbst weggehen werden. Manchmal braucht es einige Tage, bis ich endlich wach werde und sage: »Hmmm, die Bibel sagt uns, daß wir für solche Angelegenheiten beten sollen.« Wir haben einige ganz spontane Heilungen erlebt, schnelle Genesungen, als ich meine Verantwortung als Führer/Diener wahrnahm und betete. Grace und ich haben einander dann gefragt: »Warum haben wir nicht sofort gebetet?«

Ich will damit nicht sagen, daß Gott jederzeit heilen wird, wenn wir ihn darum bitten. Die Tatsachen zeigen, daß es gar nicht immer geschieht. Wir müssen auch der Tatsache ins Auge schauen, daß ein krankes Familienmitglied sich nicht erholt, daß die Medizin nicht anschlägt und daß Gott auch nicht auf übernatürliche Weise eingreift — sondern daß diese Person stirbt. So ein Ereignis ist die schlimmste Erfahrung für eine Familie. Mit dieser Möglichkeit müssen wir eben auch rechnen und uns auch darauf vorbereiten.

Anderseits müssen wir das Leben nutzen, solange wir am Leben sind. Wir dürfen nicht in Angst verfallen. Wir müssen alles tun, um gesund zu bleiben — und Gott um das Übrige bitten. John Donne, der berühmte englische Dichter und Pfarrer, wurde von einer schrecklichen Krankheit befallen, die ihn den ganzen Winter 1623 ans Bett fesselte. Trotz seines Leidens schaffte er es, seine Gedanken in dieser Zeit aufzuschreiben. Im Jahr darauf wurden sie veröffentlicht. Eine Passage faßte seine Hoffnung zusammen, wie er sie angesichts der Krankheit hatte. Und auch wir können das nachvollziehen: »Bete um Mitternacht in deinem Bett, und Gott wird nicht sagen: ›Ich werde dich morgen erhören.‹ Bete dann auf deinen Knien, und Gott wird nicht sagen: ›Ich werde dich am Sonntag in der Kirche erhören.‹ Gott ist kein langsamer Gott, kein anmaßender Gott. Das Gebet ist niemals unzeitgemäß; Gott schläft nie, und er ist nie abwesend.«

12. Der Rest der Sippe

Wenn ein Meinungsforscher mit folgenden Fragen zu Ihnen an die Türe käme, wie würden Sie antworten? Nehmen Sie einen Stift und kreuzen Sie Ihre Antworten an.

1. Bitte, denken Sie einen Augenblick darüber nach, wie es im Hause Ihrer Eltern zuging. Würden Sie sagen, es ist im Vergleich zu Ihnen
   - ☐ sehr ähnlich?
   - ☐ im großen und ganzen ähnlich?
   - ☐ nur teilweise ähnlich?
   - ☐ im großen und ganzen unterschiedlich?
   - ☐ sehr unterschiedlich?

2. Nun denken Sie bitte darüber nach, wie es im Hause Ihrer Schwiegereltern zugeht, und vergleichen Sie das mit Ihnen. Würden Sie sagen, es ist
   - ☐ sehr ähnlich?
   - ☐ im großen und ganzen ähnlich?
   - ☐ nur teilweise ähnlich?
   - ☐ im großen und ganzen unterschiedlich?
   - ☐ sehr unterschiedlich?

Sehr ähnlich? Dann gehören Sie wahrscheinlich zu einer Minderheit. Alle technischen und gesellschaftlichen Veränderungen in unserem Jahrhundert tragen sehr dazu bei, daß es in der Familie anders zugeht als bei unseren Eltern. Diese Unterschiede allein führen schon oft zu Generationskonflikten, weil die Jüngeren und die Älteren völlig verschiedene Sichtweiten haben. Nicht selten ist es ein offener Kampf.

Durch das ganze Buch hindurch haben wir versucht, ein Konzept zu entwickeln von dem, was eine Familie ist. Wir haben über die verschiedenen Perspektiven der Kommunikation, des Geldes, des geistlichen Lebens und vieler anderer Dinge gesprochen.

Aber wir leben nicht in Luftschlössern und können nicht unabhängig von andern unsern Lebensstil verwirklichen. Auch unsere Eltern und Schwiegereltern haben darüber nachgedacht, wie unser Leben aussehen soll. Bevor wir auf eigenen Füßen stehen konnten, haben unsere Eltern für uns gedacht, geplant, geträumt, gewünscht ... Oft mehr als zwanzig Jahre lang planten sie für uns. Und sie malten sich aus, wie es einmal sein wird, wenn wir verheiratet sein und unsere eigene Familie haben werden ...

Und nun haben wir unsere eigene Familie. Doch in vieler Hinsicht ist es längst nicht so, wie sie es erwartet haben.

Für manche Eltern bricht damit eine Welt zusammen. Sie hatten auf uns gezählt und hatten hohe Wertvorstellungen für unser Leben. Aber wir haben nicht alles so gemacht, wie sie es wollten. Warum nicht? Sind sie nicht dankbar für das, was wir versucht haben zu erreichen? Warum denken sie nicht darüber nach? Warum machen sie es sich selbst schwer?

Was macht man da? Wichtig scheinen mir die folgenden Fragen:

1. Versteht der Rest unserer Sippe (Eltern, Schwiegereltern, Geschwister auf beiden Seiten) unsere Schau? Begreifen sie, was wir im Sinn haben? Verstehen sie, was sich bei uns tut?

2. Wenn sie verstehen, »wo wir gerade dran sind«, vereinbart sich das mit ihren langjährigen Erwartungen?

Wenn ihre Definitionen auch die unseren sind, dann gibt es einen wirklichen Einklang. Die Mißstimmungen und Meinungsverschiedenheiten der Kindheit, besonders der Jugendzeit, gehören der Vergangenheit an. Wir und unsere Eltern können im Gleichschritt auf einer beständigen Grundlage weitergehen. Wir verstehen vieles von dem, was sie in früheren Jahren für uns wollten. Gleichzeitig sehen sie den Lohn ihrer Bemühungen, ihrer Opfer und ihres Einsatzes, wenn sie merken, daß wir unseren Platz im Leben gefunden haben und ein wirklich erfülltes und produktives Leben führen. Jetzt können wir Freunde, Gleichberechtigte, Kameraden sein. Unsere Kinder können dann gar nicht anders, als die Stärke einer solchen Beziehung zu spüren. So bildet sich eine große Kontinuität, von der sie umgeben werden, nicht nur durch ihre Eltern, sondern auch durch die Großeltern, Onkel, Tanten, ja alle, die diese Werte und Prioritäten des Familienlebens miteinander teilen. Das Kind merkt bald, daß es ein Teil dieser großen, dauerhaften und bewährten Gemeinschaft ist.

Wenn nun aber der Rest der »Sippe« ihr Familienleben nicht so sieht wie wir, dann gibt es unweigerlich Konflikte. Doch irgendwann wird es auch möglich sein, daß zwei Menschengruppen mit unterschiedlichen Lebensanschauungen in Kontakt miteinander kommen, aber dazu braucht es dann ein zusätzliches Maß an Gnade und Flexibilität, die nur Christus schenken kann.

Problempunkte

Einige der häufigsten Schwierigkeiten sind:

— *Zeit.* Sie und ich, wir sind sehr beschäftigte Leute. In den Kapiteln 5, 6 und 10 haben wir bereits darüber gesprochen, wie wir unsere Zeit richtig einteilen können, um all das zu schaffen, was nötig ist. Und das ist viel.

Vielleicht stimmen Ihre Eltern mit Ihrer Zeitplanung nicht überein. Sie denken, Sie sollten ihnen mehr Zeit widmen. Vielleicht denken die Eltern Ihrer Frau, Sie setzen sich zu stark für Ihren Beruf ein, und ihr kleiner, süßer Liebling lebe fast wie eine Witwe.

Denken Sie eine Minute darüber nach. Vermutlich befinden sich Ihre Eltern im Alter zwischen 50 und 65. Da Sie und Ihre Brüder und Schwestern das Elternhaus verlassen und für sich selbst die Verantwortung übernommen haben, tragen die Eltern plötzlich nur noch wenig Verantwortung. Oder Ihre Eltern leben bereits im Ruhestand. In jedem Fall geht es ruhiger zu bei ihnen, sie nehmen das Leben leichter und versuchen, ihre zahlreichen Freistunden, ihre größere Freizeit zu nutzen. Seit ihrer Schulzeit hatten sie niemals soviel freie Zeit wie jetzt. Inzwischen sind Sie aber so beschäftigt wie nie zuvor. Ihr Tempo raubt ihnen den Atem — und vermutlich sind sie eifersüchtig über die Tatsache, daß Ihr Leben nun erfolgreich und produktiv ist, während ihr eigenes immer passiver wird.

Es ist keineswegs ungewöhnlich, daß sie sich über Ihre Zeiteinteilung äußern. Oder halten Sie das für ungewöhnlich?

— *Geld.* Während Sie und Ihre Frau sich noch bemühen, Ihre Finanzplanung sinnvoll zu gestalten, gehen Ihre Eltern einer Zeit entgegen, in der sie nichts mehr verdienen und in der sie sich fragen, wie sie überleben können. Sie werden nur noch einige Jahre berufstätig sein und von Ersparnissen leben müssen, wenn die Rente knapp ist. Kein Wunder, daß sie plötzlich sehr besorgt sind darüber, wie freizügig Sie Ihr Geld ausgeben. Sie aber kaufen in dieser Zeit Häuser, Autos und Kleidung, als ob es kein Morgen mehr gäbe — manchmal wohlbedacht, manchmal aber auch unüberlegt.

Die Eltern erinnern sich an harte Zeiten. So möchten sie auch, daß Sie ein bißchen mehr sparen. Leider können ihre guten Absichten in Zudringlichkeit ausarten und für Sie zur Last werden.

Die Situation mag noch schlimmer werden, wenn Sie sich etwas vom Geld Ihrer Eltern leihen. Nun sind die Eltern auch noch die Kreditgeber. Es erfordert große Weisheit, beides säuberlich voneinander zu trennen. Wenn die Sache allerdings auf einer guten, geschäftlichen Grundlage verläuft und das Projekt, was sie mit finanzieren, sinnvoll ist, dann kann nichts dagegen eingewandt werden, daß Eltern ihren Kindern Geld leihen. Sonst aber ist es besser, einen Kredit bei der Bank zu nehmen.

— *Kinderzahl*. Da ich noch nicht Großvater bin, kann ich nicht genau nachfühlen, wie einem dabei zumute ist, und kann diesen Zustand der Großeltern nicht richtig beschreiben. Aber es ist verständlich, daß ältere Leute begeistert sind, wenn ihre eigenen Kinder selbst eine Familie gründen oder sie vergrößern. Die dritte Generation ist für sie ein Symbol der Hoffnung, des neuen Lebens. Ihr Name bleibt erhalten, wird vererbt. Die Sippe lebt weiter.

Wenn Sie und Ihre Frau jedoch dafür noch nicht soviel übrig haben und es vorziehen, zum Beispiel erst noch ein Studium abzuschließen oder Ihre finanzielle Lage zu sichern, damit Sie hinterher Ihren Kindern um so mehr bieten können, dann werden Sie manches zu ertragen haben von seiten Ihrer Eltern und Schwiegereltern. Sie müssen einen richtigen Kampf mit Ihren eigenen Angehörigen kämpfen — und das ist nicht immer einfach.

— *Kindererziehung*. Das Verhalten der Großeltern spielt sich in einem weiten Bereich ab. Da gibt es solche, die es als ihr heiliges Vorrecht ansehen, den Kindern ihre schlechten Gewohnheiten abzugewöhnen. Auf der anderen Seite gibt es Großeltern, die meinen, ihren Enkeln erginge es schlecht, wenn sie sich nicht selbst um die Erziehung kümmerten.

Hoffentlich liegen Ihre Eltern und die Eltern Ihrer Frau irgendwo dazwischen. Großeltern können einen positiven Beitrag zur Erziehung leisten, wenn sie nicht vergessen, daß es *Ihre* Kinder sind, und wenn sie bereit sind, Ihnen die Führung zu überlassen.

— *Politik*. Gehören Sie zu den Leuten, die sich nicht mit den Eltern und Schwiegereltern über Politik einigen können? Das ist oft auch sehr schwierig. Es gibt aber Familien, die geschickt diese Fragen behandeln, auch wenn sie unterschiedlicher Ansicht sind und so eine ganze Menge voneinander lernen. Und dann gibt es Familien, bei denen wird eine politische Diskussion nicht sachlich geführt; sie endet buchstäblich im Streit.

— *Familientreffen und Feiertage.* Es brauchte lange, bis ich begriff, warum ich manchmal frustriert bin bei einem Familientreffen. Wir müssen 300 Meilen fahren, um zu meiner Familie zu gelangen, und dann ist vielfach diese Zeit nicht zufriedenstellend. Warum? Es ist nicht die Schuld einer bestimmten Person; es liegt ganz einfach daran, daß solche Familientreffen nicht gründlich genug vorbereitet werden. Es genügt nicht, nur für Unterkunft und Verpflegung zu sorgen. Wir müssen überlegen, wie wir die Zeit wirklich gut ausfüllen und gestalten. Wir müssen uns überlegen, was wir tun wollen, wenn wir einen ganzen Tag oder ein Wochenende zusammen sind, außer der Zeit, in der wir miteinander reden.

Die Ruhelosigkeit kommt daher, daß bei einem solchen Treffen niemand die Führung übernimmt. Mein Vater hat vor langer Zeit aufgehört, uns zu sagen, was gemacht werden soll. Doch alle andern halten es für eine Anmaßung, das Zepter in die Hand zu nehmen — ich wohl am meisten, da ich der Jüngste unter den Geschwistern bin.

Zu diesen Problemen kommt noch hinzu, daß wir andere Traditionen in bezug auf Feiertage mitbringen. Ein Beispiel: Grace war es gewohnt, die Weihnachtsgeschenke Heilig Abend zu erhalten. Bei uns beschenkte man sich am Morgen des ersten Weihnachtstages. Bei ihr war es Sitte, die Geschenke unter den Weihnachtsbaum zu legen. Das war bei uns nicht üblich. Solche relativ »kleinen« Dinge sind gefüllt mit starken Emotionen und zuweilen sentimentalen Gefühlen. Und gerade das kann viele Konflikte heraufbeschwören.

Die vernünftigste Lösung ist, das Beste aus beiden Traditionen zu nehmen und daraus eine neue, eigene Familientradition zu entwickeln. Grace und ich haben etwas ausprobiert, was wir gerne wiederholen möchten. Ihre Eltern waren bei uns zu einem traditionellen skandinavischen Weihnachtsabendessen. Anschließend öffneten wir die Päckchen. Die Kinder waren aufgedreht. Da brannte bei mir die Sicherung durch, als Nathan, der etliche hübsche Geschenke ausgepackt hatte, brüllte: »Ist das alles, was ich bekomme?«

Ich schimpfte mit ihm, sprach seinen Großeltern gegenüber eine

Entschuldigung aus und faßte einen stillen Beschluß, daß die Schenkerei, die wir uns noch für den nächsten Morgen aufbewahrt hatten, anders verlaufen sollte. Als sich am spätend Abend alles beruhigt hatte und die Kartons, Papiere und Schleifen weggelegt worden waren, ging ich in den Keller und holte sechs Schachteln heraus. Die noch vorhandenen Geschenke sortierte ich folgendermaßen:

— Geschenke *von* Nathan
— Geschenke *von* Rhonda
— Geschenke *von* Tricia
— Geschenke *von* Mutti und Vati
— Geschenke *von* Großmutter und Großvater Merrill
— Geschenke *von* unseren Freunden

Am nächsten Morgen, als alle aufgestanden waren, befanden sich die Schachteln alle beschriftet auf einem hohen Tisch. Ich erklärte, daß jeder von uns an die Reihe käme und ein Geschenk aus seiner Schachtel nehmen dürfte, um es jemand anders zu *schenken*, der hier im Zimmer war, und daß wir alle zuschauen würden, was da geschenkt worden war, bevor wir zum nächsten Geschenk übergingen. Ich hoffte, daß mit dem Verändern von Nehmen zum Geben alle die verlorene Bedeutung wiedererlangen würden.

Das kam an. Sogar die einundzwanzig Monate alten Zwillinge schienen diese Idee erfaßt zu haben, als sie herumkrabbelten und ihre Geschenke in die Hände der anderen legten. Seit meine Eltern nicht mehr Weihnachten zu uns kamen, durften die Kinder auch ihre Geschenke überreichen. Die ganze Schenkerei war ruhiger geworden und symbolisierte uns auf neue Weise, daß Gott uns seinen Sohn geschenkt hat. Später an jenem Tag fragte ich Nathan: »Was hast du zu Weihnachten *verschenkt?*« Er konnte eine ganze Anzahl von Dingen aufzählen, und der Stolz, der ihm auf dem Gesicht geschrieben stand, zeigte mir, daß er froh war.

Weihnachten und Geburtstage sind Zeiten, wo *meine* und *ihre* Traditionen verschmelzen und sich zu *unserer* Tradition entwickeln müssen. Das können wichtige Kordeln sein, die unsere Familie zusammenbinden.

— *Geistliches Leben.* Die geistlichen Aspekte bringen auch manchmal Probleme. Wenn Ihre oder die Eltern Ihrer Frau keine Christen sind, dann wissen Sie nur zu gut, daß das, was für Sie wichtig ist, ihnen noch längst nicht wichtig erscheint — und umgekehrt.

Ihr finanzieller und zeitlicher Einsatz für die Gemeinde sowie Ihr ganzer Lebensstil des Dienstes mag von ihnen abgelehnt werden.

Und Jesus zeigt uns, wie weit unsere äußerste Treue zu gehen hat: »Wer Vater oder Mutter mehr liebt als mich, der ist mein nicht wert; und wer Sohn oder Tochter mehr liebt als mich, der ist mein nicht wert. Und wer nicht sein Kreuz auf sich nimmt und folgt mir nach, der ist mein nicht wert« (Matth. 10, 37—38).

Aus Erfahrung wissen wir, daß das treue Tragen des Kreuzes aus dem Glauben heraus in unserem alltäglichen Leben dramatische Auswirkungen auf unsere nichtchristlichen Eltern haben kann. Die Worte, die wir sprechen, und, was noch wichtiger ist, das Leben, das wir leben, kann sie innerlich wachrütteln. Die Freude, mitzuerleben, wie die eigenen Eltern ihr Leben Christus übergeben, kann einer der großartigsten Augenblicke unseres Lebens überhaupt sein.

Einige Richtlinien

Wir haben bereits einige mögliche Konflikte aufgezeigt. Es gibt deren zwar noch mehr, aber hier sind einige Dinge, die wir uns merken müssen:

1. Die Familie ist nicht zu kaufen. Soviel wir auch versuchen möchten, unseren Eltern Freude zu machen, ihnen zu gefallen, so dürfen wir aber doch nicht die Identität oder die Integration der Gaben Gottes in unserem Leben aufgeben, das, was Gott uns persönlich und unserer Familie geschenkt hat. Das darf nicht um unserer Eltern willen preisgegeben werden. Wir müssen unsere Mission erfüllen; wir müssen das tun und sein, wozu Gott uns geführt hat — egal, was es kostet. So, wie Jesus es in Matth. 19, 4—6 gesagt hat: ». . . Habt ihr nicht gelesen, daß, der im Anfang den Menschen geschaffen hat, schuf sie als Mann und Weib und sprach: ›Darum wird ein Mensch Vater und Mutter verlassen und an seinem Weibe hangen, und werden die zwei ein Fleisch sein‹? So sind sie nun nicht mehr zwei, sondern ein Fleisch. Was nun Gott zusammengefügt hat, das soll der Mensch nicht scheiden.«

Unseren Vater und unsere Mutter zu verlassen, ist nicht unbedingt geographisch gemeint. Vielmehr ist das psychologisch zu verstehen: daß wir uns innerlich lösen. Unsere Familie muß emotional, finanziell und in jeder anderen Weise vom Rest der Sippe unabhängig sein.

2. Diplomatie ist besser als Konfrontation. Sie kennen Ihre Eltern recht gut, und Sie haben inzwischen herausgefunden, auf welche Weise Sie am besten Konflikte mit ihnen lösen können. Sie wissen, was den größten Krach heraufbeschwört. Sie wissen, wie Sie die Situation am besten meistern können. Sie sollten zwar nicht so oft wie möglich Kompromisse schließen, aber doch den Weg des geringsten Widerstandes gehen und versuchen, die Sache in Frieden zu regeln.

Wenn Ihr Schwiegervater während einer Mahlzeit sehr bestimmend ist, dann werden Sie nicht daran sterben, wenn Sie dabei Ihren Mund halten und schweigen. Wenn Ihre Mutter sich laufend in Ihre Angelegenheiten mischt und Sie ermahnt, mehr Rücksicht auf Ihre Gesundheit zu nehmen — wie sie es tat, als Sie noch ein zwölfjähriger Junge waren —, was macht das schon aus?

Lächeln Sie einfach, und gehen Sie zur Tagesordnung über.

Menschen, die bis dahin so gelebt haben, werden sich wenig Mühe geben, sich für ihre restlichen Lebensjahre noch wesentlich zu ändern. Jeder Versuch Ihrerseits, sie zu ändern oder ihnen einen anderen Lebensstil oder Geschmack beizubringen, wird scheitern. Was dabei herauskommt, ist höchstens Verwirrung und Unfrieden. Seien Sie doch nett zueinander!

3. Halten Sie Ihren Mund, wenn es um die Sünden der Verwandten anderer Leute geht — besonders die Verwandten Ihrer Frau. Lassen Sie Ihre Frau selbst kritisieren, wenn sie das will. Wenn sie zum Beispiel sagen möchte: »Meine Mutter ist absolut unvernünftig«, dann ist das ihre Sache, aber sagen Sie das auf keinen Fall, selbst wenn es stimmen würde.

Schließlich machen wir doch auch im allgemeinen keine negativen Bemerkungen über die Familienmitglieder unseres Vorgesetzten oder Mitarbeiters. Warum sollte man es dann über die angeheirateten Verwandten tun? Es spielt keine Rolle, wie richtig Ihre negativen Bemerkungen auch sein mögen — in Ihrer Frau werden solche Bemerkungen nichts Gutes bewirken. Selbst mit Humor ist da nicht viel zu machen; Witze über Schwiegermütter verursachen im allgemeinen nur Schwierigkeiten und Probleme.

Sie und Ihre Frau mögen an einen Punkt kommen, wo Sie offen über die Schwächen Ihrer Angehörigen sprechen können, ohne sich dabei aufzuregen. Sie mag es vielleicht als Hilfe empfinden, über diese Dinge zu sprechen, über Wunden aus der Vergangenheit, um sie heilen zu lassen und frühere Probleme aufzuarbeiten. Wenn es so ist, dann warten Sie, bis Ihre Frau damit anfängt. Gehen Sie niemals weiter, als sie es tut. Und achten Sie darauf, auch um ihretwillen fair zu sein. Helfen Sie ihr, sich auch an das Gute zu erinnern, trotz der Probleme.

Auf jeden Fall hat jeder Schwiegervater etwas Gutes an sich, was jeder Schwiegersohn akzeptieren kann. Ebenso hat auch jede Schwiegermutter ihre guten Seiten. Je früher wir das einsehen lernen, desto entspannter und froher können wir mit ihnen umgehen und uns schließlich in ihrer Gegenwart wohl fühlen. Wir brauchen ihnen keinen besonderen Eindruck zu machen. Wir sollen nicht über sie zu Gericht sitzen. Im Grunde sind wir aufeinander angewiesen — und so können wir einander auch akzeptieren und Freude miteinander erleben.

Wenn die Jahre vergehen, brauchen unsere Eltern und Schwiegereltern immer mehr unsere Geduld und unser Verständnis, weil sie immer weniger fähig sind, für sich selbst zu sorgen. Zeiten mögen kommen, in denen sich die Beziehung dahingehend verändert, daß wir wie Eltern zu ihnen sind und für sie Entscheidungen treffen, die sie selbst gar nicht mehr treffen können. Das betrifft vor allem ihre letzten Lebensjahre. Viele Ehemänner und Ehefrauen sind nicht bereit, die Diener ihrer Eltern zu sein, wenn sie alt und krank werden. Das braucht Zeit und eine große Portion Weisheit.

Die Bibel sagt ganz deutlich: »Wenn aber eine Witwe Kinder oder Enkel hat, so sollen diese lernen, zuerst im eigenen Haus gottesfürchtig zu leben und sich den Eltern dankbar zu erzeigen; denn das ist angenehm vor Gott« (1. Tim. 5, 4). Manche Christen versuchen diesen Vers zu befolgen, indem sie ihre Eltern in ihr eigenes Haus aufnehmen, obwohl das für das eigene Familienleben manche Probleme mit sich bringt. Andere sorgen für eine institutionalisierte Fürsorge (Altersheim z. B.), aber bemühen sich dabei, nicht nur die körperliche Betreuung der Eltern zu gewährleisten, sondern auch ihre geistige und geistliche.

Die meisten von uns jedoch erleben, daß ihre Eltern und Schwiegereltern sehr früh sterben. Von diesem Gesichtspunkt aus scheinen uns ihre unmöglichen Verhaltensweisen gar nicht mehr so schlimm. In unserer Erinnerung bleibt dann meist nur das Positive, ihre wertvollen Qualitäten, die gute Beziehung, die wir im Grunde doch zu ihnen hatten. Diese Qualitäten sollten wir aber jetzt schon versuchen zu sehen und zu beachten.

Ich kenne einen jungen Ehemann, der kürzlich berufliche Veränderungen — nicht unbedingt zum Vorteil für sich selbst — veranlaßte, um mit seiner Familie in eine andere Gegend ziehen zu können, um dort den Großeltern näher zu sein. Er und seine Frau fanden es wichtig genug für ihre beiden Kinder und die ganze Familienbeziehung, daß sie näher beieinander wohnten.

Die Generation, die uns das Leben gab, kann einen hohen Preis von uns fordern, der unser Leben und unsere Familie betrifft. Anstatt Spannung und Enttäuschung können wir von ihrer Reife und Weisheit profitieren, wenn wir uns gegenseitig respektieren. Zum Teil hängt es von ihnen ab, zum Teil von uns.

13. Das große Bild

Haben Sie von dem »Fünften Geistlichen Gesetz« gehört?

5. Gott liebt Sie und hat einen wunderbaren Plan für Ihre Familie. Mit gebührender Entschuldigung für die Leute, die die ersten vier Gesetze verkündeten, möchte ich betonen, daß Gott sehr darum bemüht ist, all das, was er uns selbst geschenkt hat, auch zu entwickeln und zu entfalten. Er hat uns dazu berufen, unseren Frauen und Kindern zu dienen — Tag für Tag; und er hat manches im Sinn auf dem langen Weg, der vor uns liegt und unsere ganze Aufmerksamkeit erfordert.

Die Geschäftswelt redet viel von Zielsetzung, Management, Fünf-Jahres-Pläne, Karriere, Fortschritt usw. Geschäftsleute müssen in die Zukunft schauen, Pläne machen, kalkulieren, Projekte vorbereiten, sich um ein erfolgreiches Morgen bemühen.

Diese Zielsetzungen werden oft so stark, daß wir vergessen, was nötig ist, um diese Ziele überhaupt zu erreichen. Das, was heute angestrebt wird, ist oft so unmenschlich. Wer einen Turm bauen will, muß auch die Kosten überschlagen.

In unseren stillen Augenblicken erkennen wir vielleicht auch, daß unsere Ziele uns nicht beherrschen dürfen. Ziele sind wichtig, aber nicht übertrieben wichtig. Wir sind geschaffen, um zu *sein* und um zu *tun*. Beides, Sein und Tun, muß in einem ausgewogenen Verhältnis zueinander stehen. Keine Seite darf überbetont werden.

Das Wunderbare an den Plänen Gottes für uns ist, daß sie total ausgewogen sind, voller Weisheit und Güte. Niemals wird dadurch unsere Persönlichkeit zerstört. Wenn wir uns also mit der Zukunft unserer Familie beschäftigen, dann lautet die Frage nicht: Welche Ziele sollen wir setzen? Sondern: *Was ist Gottes Wille für unsere Familie?*

Das ist keine fromme Phrase, um unsere eigene Verantwortung abzuwälzen. Gottes Pläne für uns sind Tatsachen. Wenn wir wirklich auf ihn hören, dann vernehmen wir seine deutliche, konkrete Stimme von Zeit zu Zeit, vor allem dann, wenn wir uns bei wichtigen Entscheidungen an ihn wenden. Er sagt uns, was wir tun sollen, was er von uns möchte. Vielleicht ergibt sich für uns die Gelegenheit, unseren Arbeitsplatz zu wechseln. Was sollen wir tun? Wenn wir nur von der Überlegung ausgehen, wo wir das meiste Geld verdienen und die besten finanziellen Vorteile haben können, dann haben wir Gottes Willen nicht verstanden. Vielmehr müssen wir uns auch die Frage stellen: Was würde ein Wechsel vor allem für die Familie bedeuten, wenn wir unsere Wohnung wechseln müssen, wenn sich unterschiedliche Arbeitszeiten ergeben, und wird die neue Arbeit dieselbe Zufriedenheit und Freude geben, die wir vorher hatten? Werden wir wirklich Erfüllung erleben? Und vieles mehr wäre zu überlegen.

Jüngere Ehepaare treffen solche Entscheidungen häufiger und unbekümmerter, weil die beruflichen Positionen für jüngere Leute nicht so schwer zu besetzen sind und noch nicht ein so hohes Maß an Beständigkeit erfordern. Das ändert sich mit den Jahren. Während unserer ersten Ehejahre hatten Grace und ich den Eindruck, daß wir in jedem Frühling etliche neue Stellenangebote hatten, die wir durchdenken mußten. Wenn es auf den Monat März zuging, sagten wir: »Nun, ich bin gespannt, was dieses Jahr wieder wird.«

Berufliche Entscheidungen sind bedeutsam. Trotz aller Erkundigungen und Informationen ist eine solche Entscheidung riskant. Sogar, wenn man vertrauenswürdige Berater hat, lassen sich Konflikte nicht vermeiden. Deshalb ist es wichtig, daß Sie und Ihre Frau Gott fragen, der dafür gesorgt hat, daß diese Frage an Sie gerichtet wurde. Was ist sein Wille für Ihre Zukunft?

Seine Antwort mag nicht immer unverzüglich kommen. Jetzt erst sehe ich rückblickend, wie die verschiedenen früheren Berufserfahrungen sich wie ein Mosaik zusammengefügt haben und daß ich nur auf diesem Hintergrund das tun kann, was ich jetzt tue. Gott war in all diesen Dingen, auch wenn ich das nicht immer gleich verstand. Mit der Zeit aber wurde deutlich, was er beabsichtigte.

Ein anderer, sehr wichtiger Bereich für die Zukunft unserer Familie hat mit den Kindern zu tun. Sollen wir Kinder haben — ja oder nein? Wenn ja, wie viele? Wann? Moderne Verhütungsmittel helfen uns zur Familienplanung. Wie sollen wir uns entscheiden?

Unsere Frauen gehen meistens von anderen Überlegungen aus als wir. Das ist ganz natürlich. Sie haben ein bestimmtes Interesse; denn schließlich ist ihr Körper ganz direkt davon betroffen. Außerdem hat die Gesellschaft (und manche würden sagen, auch die Natur) sie darauf vorbereitet, Mutter zu werden und Mutter sein zu wollen. Als kleine Mädchen haben sie zuerst mit Puppen gespielt, und später waren sie Baby-Sitter und haben Kinder verwahrt. Ist es dann verwunderlich, daß sie schließlich eigene Kinder haben möchten — vielmehr als das bei Männern der Fall ist?

Natürlich gibt es auch Ausnahmen. Mehr und mehr Frauen möchten heutzutage neben ihrem Mutter-Sein auch noch manches andere tun. Andere möchten, anstatt Mutter zu sein, andere Aufgaben haben. Und einige moderne Ehemänner träumen davon, sechs Kinder zu haben.

Auch hier steht ein großer Fragenkomplex vor uns. Und wir können stundenlang debattieren und diskutieren. Wir können über das Weltbevölkerungswachstum nachdenken und die Geburtenraten analysieren. Wir können auch die finanziellen Kosten überschlagen. Und natürlich sollten wir unsere eigenen Motive überprüfen. Lehnen wir Kinder nur deshalb ab, weil sie uns Mühe machen würden? Liegt der Grund darin, daß wir nicht noch jemanden in der Familie haben wollen, dem wir dienen? Stellen Sie sich der Tatsache: Elternschaft ist in erster Linie eine Erfahrung des Gebens, nicht des Empfangens. Es gibt dafür Belohnungen, aber das meiste ist Dienst.

Gott fordert uns heraus, zusammen mit unseren Frauen gründlich darüber nachzudenken und so lange wie nötig darüber zu sprechen. Es ist sehr wichtig. Die Entscheidung für oder gegen Kinder wird unsere Zukunft bestimmen. Manche Ehepaare reden mehr über eine neue Stereoanlage und dergleichen als darüber, ob sie ihre Familie vergrößern wollen. Wir müssen uns Zeit zum Gebet und zur Meditation nehmen, bis wir sicher sind, daß unsere Gesinnung die Gesinnung Christi ist. Es entspricht dem Plan Gottes, in solchen Angelegenheiten zu beten und seinen Willen zu erfragen.

Und es werden immer wieder neue Entscheidungen kommen. Welche Ausbildung sollen wir unserem Kind geben? Wie ist es mit langfristigen Geldangelegenheiten? Wo setzen wir unsere Prioritäten? Haben wir vernünftig kalkuliert? Wie viele Versicherungen brauchen wir wirklich? Wenn wir uns ein Auto anschaffen — geht das nicht über unsere Verhältnisse? Das moderne Motto lautet: Kauf jetzt, bezahl später. Für die meisten von uns gibt es keine Kreditbeschränkung, aber wir sollten uns beschränken in dem, was wir damit machen, oder Kredite überhaupt ablehnen. Oft kann nur Gott uns zeigen, wie wir der Versuchung widerstehen, einen Kredit aufzunehmen, der auf die Länge gesehen nicht das Beste für unsere Familie wäre. Alles hängt davon ab, ob wir uns von ihm leiten lassen.

Soll ich nochmals zur Schule gehen? Sollte sie noch eine Ausbildung machen? In all diesen Fragen und vielen anderen zeigt Gott uns das große Bild seiner Vorstellungen für uns, wenn wir es von ihm erwarten. Er zeigt es uns als Ehemänner, weil er uns bestimmt hat, das Haupt der Familie zu sein. Er zeigt seinen Plan uns und unseren Frauen gemeinsam, weil wir verbundene Empfänger seiner Gaben sind. Und Gott mag seinen Plan auch der Frau alleine zeigen, wenn ihr Mann nicht auf die göttliche Stimme hört. Gott möchte uns in seiner Weisheit das Beste geben. Wir brauchen uns keine Sorgen zu machen. Aber als Führer/Diener unserer Familie sollten wir sehr darum bemüht sein, das anzunehmen, was er uns schenken will.

In 1. Mose 18, 19 macht Gott eine interessante Bemerkung über einen Ehemann: »Denn dazu habe ich ihn auserkoren, daß er seinen Kindern befehle und seinem Hause nach ihm, daß sie des Herrn Wege halten und tun, was recht und gut ist, auf daß der Herr auf Abraham kommen lasse, was er ihm verheißen hat.« Offensichtlich war Abraham das Haupt in seinem Hause. Er erkannte »den Weg des Herrn« für die ganze Familie. Und wenn wir das Leben Abrahams betrachten, dann sehen wir, welch große Bedeutung darin lag — nicht nur für seine Familie, sondern für seine Nachkommen lange, nachdem er selbst nicht mehr lebte.

Ich glaube, daß Gott für meine und Ihre Familie große Dinge im Sinn hat. Aber wir dürfen seine Gaben nicht blockieren. Wir müssen das sein, wozu er uns berufen hat, und das tun, worum er uns bittet, und da dienen, wo er uns hingestellt hat, und achthaben auf das, was geschieht. Paulus war überzeugt: ». . . daß der, der in euch das gute Werk angefangen hat, es auch vollenden wird bis zum Tage Christi Jesu« (Phil. 1, 6). Wir sind alle unterwegs. Wir sind noch nicht die Ehemänner, wie Gott uns haben möchte. Aber wir sind auf dem Weg dahin.

»Weiter, liebe Brüder: Was wahrhaftig ist, was ehrbar, was gerecht, was rein, was liebenswert und erfreulich ist, alles, was als Tugend gilt oder Lob verdient — darauf seid bedacht. Was ihr von mir gelernt und empfangen und gehört und an mir gesehen habt, das tut; so wird der Gott des Friedens mit euch sein« (Phil. 4, 8—9).

André Adoul

Aus Liebe zu dir

Ein Ehebuch

Paperback, ABCteam Bd. 191, 116 Seiten

Ein wertvolles Buch zu vielen Ehefragen und -problemen,
mit hilfreichen Ratschlägen zur Lösung oder Veränderung.

Der Verfasser weiß aus eigener Erfahrung und aus vielen seelsorgerlichen Gesprächen, mit wie vielen Problemen und Fragen
sich christliche Ehepaare herumschlagen.
In seinem Buch behandelt er systematisch die verschiedenen Ehebereiche:

— Zeit haben füreinander
— Richtiges Miteinander-Reden
— Verarbeitung von Ärger
— Sexualität
— Frage der Selbstbeherrschung
— Anzahl der Kinder
— Verhütungsmittel
— Schwiegereltern
— Eifersucht

Alle diese Fragen werden deutlich vom christlichen Gesichtspunkt her beantwortet. Was sagt die Bibel dazu? Wie kann Gott
hier helfen? Am Ende eines jeden Kapitels stehen Fragen an
Mann und Frau, die sie gemeinsam beantworten sollen, um miteinander in ein ehrliches Gespräch zu kommen.

R. BROCKHAUS VERLAG WUPPERTAL

Ingrid Trobisch

Mit Freuden Frau sein

... und was der Mann dazu tun kann

Paperback, ABCteam Bd. 10, 136 Seiten

»... und was der Mann dazu tun kann«

Eines, was er tun kann, ist zum Beispiel, ein Wort zum Buch der eigenen Frau zu sagen. Und er tut es gern.

Was meine Frau hier vorlegt, ist eine Zusammenschau der Erlebnisbereiche der Frau: sexuelles Erleben, Fruchtbarkeit und Empfängnisregelung, Schwangerschaft, Geburt und Stillen und schließlich Wechseljahre und Reife.

Ingrid verweist diese Bereiche nicht in die Zuständigkeit eines jeweils anderen Fachmannes, sondern sie bringt zusammen, was zusammengehört. Sie zeigt, daß sich diese Bereiche ebensowenig voneinander trennen lassen wie der Mensch, der sie durchlebt. Wer verstehen und helfen will, muß sie zusammen sehen.

Dabei stützt sich meine Frau auf das Zeugnis von Weltexperten sowie auf ihre eigene Erfahrung als Frau eines schwierigen Mannes und Mutter von fünf Kindern. Vor allem aber lernte sie aus Begegnungen und Gesprächen mit Menschen aus verschiedenen Erdteilen und Kulturen.

Viele dieser Gespräche führten wir gemeinsam von Ehepaar zu Ehepaar, weil wir glauben, daß dies die verheißungsvollste Form der Eheberatung ist. Während ich in meinen Büchern die Dinge aus der Sicht des Mannes darstelle, beschreibt sie Ingrid nun aus der Sicht der Frau.

Oft hört man die Klage, daß bisher die meisten Ehebücher von Männern geschrieben wurden. Es fehle das Buch einer liebenden, warmherzigen Frau. Nun — hier wäre eines! Ich hoffe, daß es viele Männer ihren Frauen vorlesen als einen Beitrag dazu, was wir Männer tun können, um unseren Frauen zu helfen, mit Freuden Frau zu sein. Walter Trobisch

R. BROCKHAUS VERLAG WUPPERTAL